단단한 삶으로 이끄는
성공 법칙

단단한 삶으로 이끄는 성공 법칙

방향을 잃은
당신에게
건네는
인생 전략

양창정 · 왕샤오단 지음
하은지 옮김

더페이지

천 번째 현이 끊어질 때까지

창정과는 같은 고향 출신으로, 우리는 동갑내기 친구다. 그를 알고 지낸 지는 10년이 넘었다. 짧게 깎은 스포츠머리, 까무잡잡한 피부, 마른 편의 다부진 체구. 이것이 그에 대한 첫인상이자 10년 동안 변하지 않은 인상이다.

창정을 처음 알게 되었을 때, 그는 기업 대표 자리에서 점점 손을 빼고 있는 상태였다. 그는 전국을 돌아다니면서 강연을 하며 사람들의 마음을 흔들었고 여러 공익 활동과 환경 보호 캠페인, 자원봉사에도 적극적으로 참여했다. 그런 친구가 있다는 게 내게는 하나의 자부심이었다.

우리는 자주 만나진 못했지만, 연락은 꾸준히 하며 지냈다. 그는 강연이나 연수가 끝난 뒤에 느낀 소소한 행복이나 일상의 작은 즐거움을 SNS를 통해 공유했다.

그의 수업을 들은 사람들은 행복한 사람들이다. 시끄럽고 번잡한 '속세'를 벗어나 마음을 정돈하고 생각을 돌아보며 진정한 나를 찾을 수 있기 때문이다.

그의 수강생 중에는 이제 중년의 나이에 접어든 60년대, 70년대생들이 많다. 40년이 넘는 인생의 여정과 20여 년간의 직장 생활을 하며 갖은 풍파를 헤쳐 온 그들이지만 여전히 마음 깊은 곳에는 포기하지 않은 꿈이 있다. 그래서인지 누가 등 떠밀지 않아도 전국 각지에서 그가 있는 강연장을 찾아온다.

대체 무슨 매력이 있길래, 대체 무엇 때문에 사람들은 양창정의 강의를 들으려고 하는 걸까?

인생을 살면서 겪는 모든 사람과 관련된 사건 사고들을 화선지 위에 먹물로 그려 내라고 한다면 무수한 점들이 가득일 것이다. 그 중 어떤 것은 그냥 점으로 남지만, 어떤 것은 예쁘게 번져 초록빛 풀로, 알록달록한 꽃으로, 풍성한 열매로 그려진다. 중요한 건 모양이 어떠하든 그 종이 위에 그려진 모든 점은 오직 내가 겪은, 내 인생의 히스토리라는 사실이다.

그의 수강생들 중에는 소위 각 업계에서 성공을 이룬 사람이 많다. 그런데도 그들은 여전히 이루지 못한 꿈을 갈망하고 새로운 변화를 시도한다. 물론 인생이나 사업의 갈림길에 서서 어디로 가야 할지 몰라 망설이고 고민하는 사람들도 있다. 그들은 자신의 생각과 마음, 영혼을 돌아보고 자신에게 가장 잘 어울리는 답을 찾기 위해 밤을 지새우며 고민한다.

아마도 그들이 창정의 강연을 찾아오는 이유가 거기에 있을 것이다. 그런 의미에서 보자면 창정은 엄청난 사명과 책임을 짊어진 사람임이 분명하다. 이는 어쩌면 그들의 영혼을 구원하는 일과도 같으니까.

나는 개인적으로 '깨달음'을 잘 얻는 사람은 천성적으로 타고난 기질이 본래 그렇다고 생각하는 편이다. 하지만 그건 마음 아주 깊숙한 곳, 영혼 깊은 곳에 꼭꼭 숨어 있기 때문에 다른 사람은 잘 알지 못한다. 자신의 내면을 깊이 들여다보고 생각해야 하므로 오직 나만이 알 수 있다.

그런데 종종 그 깨달음에는 견고한 자물쇠가 달려 있어서 열쇠가

단단한 삶으로 이끄는 성공 법칙

필요하다. 이때 그 자물쇠를 열어 줄 스승의 역할이 중요하다. 그들의 가르침이 일종의 키워드가 되어 오랫동안 닫혀 있던 내면의 문을 열고 들어갈 수 있기 때문이다.

한 번, 또는 단기간의 교육이나 연수를 받았다고 해서 한 사람의 인생에 드라마틱한 변화가 일어나진 않는다. 그러나 적어도 내가 사는 사회를 새롭게 인지하고, 세계와 나를 이해하고 진취적으로 사고하는 방법을 배우는 기회는 될 수 있다. 또 끊임없이 새로운 것을 배우고 터득하는 겸손한 태도를 일종의 습관으로 만들 수 있다.

만일 현장에서 직접 창정의 강의를 들을 기회가 없어 아쉬웠다면 이 책이 당신에게 많은 도움이 될 것이다. 그는 책에서 사람의 경쟁력은 지위나 재산, 학력이나 스펙, 특기나 장점에만 국한되는 게 아니라고 말한다. 독서와 건강, 지혜로운 사람들과의 교제, 건강한 취미 생활 등을 모두 포함한다고 강조한다.

그의 수업을 들은 대다수의 수강생은, 가정에서 위로는 부모님을 모시고 아래로는 자녀를 둔, 인생을 몸에 비유하자면 '허리'에 해당하는 사람들이다. 그래서 평소 일이 잘 풀리지 않아 스트레스에 시달리다가 가족 누구에게 서운한 소리라도 한마디 들으면 이렇게 생각한다.

'내가 누구 때문에 이 고생을 하는데!'

인생은 장기전이다. 우리는 누굴 위한 인생이 아닌 나를 위한 인생을 살아야 한다. 그리고 나를 위해 일해야 한다.

『물은 답을 알고 있다』의 저자 에모토 마사루가 했던 유명한 실험이 있다. 그는 영하 5°C 환경에 물방울을 떨어뜨린 뒤 좋은 말과 아름다운 음악을 들려주며 사랑을 쏟아부었다. 그 결과 물방울의 결정이 꽃처럼 활짝 핀 육각형의 아름다운 모습으로 관찰되었다. 이번에는 똑같은 조건에서 물방울을 떨어뜨리고 욕설과 비방 등을 들려주었더니 규칙성 없는 볼품없는 모양의 결정체가 만들어진 걸 확인할 수 있었다. 그는 이 실험을 통해 '물도 선과 악을 분별할 수 있다. 세상 모든 만물이 그러하다'라는 사실을 알려 주었다.

성인의 경우 몸의 70%가 수분으로 이루어져 있다. 만일 오늘 당신 곁의 친구가, 동료가 너무 밉고 내일은 상사가 너무 꼴 보기 싫다면, 심지어 어떻게 해 보고 싶은 나쁜 생각까지 든다면 가장 먼저, 가장 크게 손해를 입는 것은 바로 당신 자신이다.

그러니 다른 사람을 위한 인생을 살지 마라. 나보다 다른 사람을 사랑하지 마라. 이 말은 미워하라는 말이 아니다. 순서를 바꾸라는 말이다. 나를 가장 먼저 사랑하고 가장 많이 사랑하라. 내 가족을, 내 스승을, 내 친구를, 낯선 사람을, 세상 만물을 사랑하는 것도 사실은 나 자신을 사랑하기 위한 것이다.

중국의 베스트셀러 작가 비수민이 한 대학교에 강연을 나갔다. 강의를 마치고 질의응답 시간에 한 학생이 손을 들어 물었다.

"삶의 의미가 뭐라고 생각하시나요?"

그러자 비수민 작가는 별 표정 없이 이렇게 대답했다.

"산다는 건 원래 아무 의미 없어요."

그녀의 대답에 학생들은 당황했다. 그녀가 말을 이었다.

"하지만 내 인생에 스스로 의미를 부여하는 순간 그 삶의 의미는 완전히 달라지죠."

여기까지 쓰고 보니 불구가 되어 걸을 수 없던 작가, 사절생 선생이 1985년에 발표했던 소설『현 위의 인생』이 떠오른다.

늙은 사부에게 현을 배우는 눈먼 소년이 있었다. 소년은 스승으로부터 눈을 고칠 수 있는 처방이 숨겨진 상자가 있는데 그걸 열기 위해서는 현의 천 번째 줄이 끊어질 때까지 연주해야 한다는 이야기를 들었다. 스승이 세상을 떠난 뒤 소년은 앞을 보기 위해 열심히 현을 연주했다. 처절한 가난과 싸워야 했고 죽음의 위기를 숱하게 넘겨야 했지만 연주를 멈추지 않았다. 그 결과 신기에 가까울 정도로 실력이 늘었고, 심지어 분쟁이 일어난 곳에서 연주하면 평화가 생기는 신통력마저 생겨났다. 그렇게 반세기가 흐르는 동안 그는 연주를 멈추지 않았다.

마침내 마지막 천 번째 현이 끊어지던 날 그는 상자에서 처방전을 꺼내 곧장 약국으로 달려갔다. 그러나 약사의 말은 충격적이었다. 종이는 아무것도 쓰여 있지 않은 백지였기 때문이다. 스승을 원망하던 그는 죽기 직전에야 그 깊은 뜻을 깨닫는다. 만일 천 번째 현이 끊어지기까지 연주할 동력과 과정이 없었다면 지나온 세월을 견디지 못했을 것이다. 그래서 그는 스승이 자신에게 했던 것과 똑같은 방법으로 상자에 백지를 넣는다. 그리고 앞을 보지 못하는 자신의 제자에게 똑같은 거짓말을 한다. 천 번째 현이 끊어지는 날, 이 상자를 열어 볼 수 있을 거라고.

우리의 인생도 백지와 같다. 처음부터 끝까지, 쓰여 있는 것은 아무것도 없다. 그렇지만 천 번째 현을 끊기까지의 과정은 너무나 중요하다.

중국의 위대한 사상가 양수명 선생은 '인생을 살아가기 위해 세 가지 관계를 해결해야 한다'고 말했다. 그리고 이 순서는 절대 뒤바뀔 수 없다고 강조했다.

첫째, 사람과 물질의 관계다. 사람이 생존하기 위해서는 먹고 자고 배설해야 한다. 이러한 기본적인 생리 활동을 위해 물질이 필요하다. 물질이 있어야만 삶의 질이 높아진다.

둘째, 사람과 사람의 관계다. 인간 사회는 관계의 총합이다. 부모와 자식, 상사와 직원 등 자신의 위치에 올바르게 서서 대인 관계를 잘 운영하는 것이 매우 중요하다.

셋째, 사람과 마음의 관계다. 매일 자신의 마음과 대화를 나누도록 하라. 살면서 가장 원하는 것이 무엇인지 경청하라. 자신의 마음과 화합하는 사람은 가정에서도 사회에서도 화합하며 세상에 평안을 가져온다.

세상은 넓지만 우리가 살아가는 삶의 테두리는 작다.

창정의 강의를 들은 사람은 행복한 사람이다. 당신도 이 책을 통해 그의 강의를 들었으니 행복한 사람이다. 그의 가르침을 귀담아들고 서로 배우고 서로 도와주길 바란다. 그리고 앞으로 남은 세월, 서로 사랑하며 살아가길 소망한다.

세상에 종말이 온다 해도 사랑만은 영원히 남을 테니까….

방송인 바이엔성

단단한 삶으로 이끄는 성공 법칙

우리는 어디로 가고 있는가

떠나려고 하지만 한 곳에 매여 있고

살아가고 있지만 죽은 것처럼 사네

사랑하고 있지만 이별과 다름없고

모두 웃고 있지만 눈물 흘리고 있네

그 누가 알까, 어디로 가야 하는지

그 누가 알까, 삶이 어떻게 변한 건지

핑계를 찾아서 살아가야 할까

날개를 펼치고 날아올라야 할까

나는 어떻게 살아야 할까

중국 드라마 〈북경 청년〉 엔딩 크레딧 OST에 삽입되었던 왕펑의 노래, '존재'의 가사 일부다. 방황하는 인생의 막막함을 잘 표현한 곡으로, 대중의 많은 사랑을 받았다.

그리고 또 하나, 예전에 친구 아쉰(CCTV 토크쇼 〈대화〉 연출자)이 한 인터뷰에서 했던 말이 오랜 시간 내 가슴을 울렸다.

"사람은 누구나 다 죽지요. 그런데 진짜로, 정말로 인생을 '살아 본 적' 있는 사람이 얼마나 될까요? 정말 살아 있는 사람은요. 살랑대는 봄바람, 만개하는 꽃을 보며 봄이 오는 소리를 들어요. 정말로 살아 있는 사람은요. 만물에 깃든 생명이 움트는 소리를 들어요. 정말로 살아 있는 사람은요. 힘껏 날개를 펴고 자유롭게 하늘을 날아다니는 새를 봐요. 그런 의미에서, 정말로 인생을 '살아 본 적' 있는 사람이 얼마나 될까요?"

'진정한 삶이란 무엇일까?'

'어떤 인생을 살아야 후회가 없을까?'

'어떤 일을 해야 의미 있는 삶을 살았다고 말할 수 있을까?'

'성공한 인생이란 무엇일까?'

젊은 시절, 나는 늘 이런 질문을 붙들고 고민하며 살았다. 지금은 안다. 성공한 인생은 '계획'을 통해 만들어진다.

서양 속담 중에는 '어디로 가는지 알지 못하는 사람은 어디도 갈 수 없다'라는 말이 있다.

여행을 하려면 먼저 계획을 세워야 한다. 목적지는 어디인지, 경비는 얼마나 들어가며 몇 박 며칠을 묵을지 정해야 한다.

우리는 계획이 있는 여정을 '여행'이라고 하고 아무런 계획이 없는 여정은 '유랑'이라고 한다.

인생은 길고 긴 여정이다. 그런데 그 인생의 여정을 확실히 세획하고 사는 사람이 얼마나 될까? 그 여정에서 아무 계획 없이 유랑하고 방랑하는 사람은 또 얼마나 될까?

사람들은 꿈을 꾼다. 그리고 살면서 그 꿈을 이룰 기회를 여러 번 만난다. 하지만 동시에 수많은 어려움과 도전에도 직면한다. 더군

다나 인간에게 주어진 시간과 힘에는 한계가 있다. 여기서 인생을 잘 계획한 사람은 고독과 외로움을 견디고 유혹을 이겨 내서 진정 자신이 원하는 방향으로 걸어간다. 그리고 그 과정에 자신에게 필요한 에너지를 모아 집중한다. 그들은 먼 길을 돌아가지 않고 최소한의 '투자'로 최대한의 '성과'를 창출한다. 한마디로 '선택과 집중'에 몰입하는 것이다.

물방울이 영원하려면 바다로 보내야 한다

하버드 대학에서 청년 수백 명을 대상으로 설문 조사를 실시한 결과, 3%만이 인생에 대한 명확하고 장기적인 계획이 있다고 답했으며, 10%는 명확하지만 단기적인 계획이 있다고 답했다. 60%는 계획이 있지만 모호했고, 27%는 아무런 계획 없이 살아간다고 답했다.

25년 후 다시 추적 검사를 해 보았더니 3%는 사회 저명인사가 되어 각 분야에서 영향력을 나타내고 있었고, 10%는 각 업계의 우수한 인재가 되어 있었다. 60%는 평범한 삶을 살고 있었고, 나머지 27%는 사회 최하층으로 전락해 힘든 삶을 살고 있었다.

명확한 계획은 당신의 인생이 나아갈 방향과 기조를 정확히 정해 준다. 그 기조 안에서 매일의 계획을 실천하고 매 순간, 행동 하나, 발걸음 하나를 조절할 수 있다.

이 책을 펼치는 순간, 당신의 꿈을 탐색하고 실천하는 여정이 시작된다. 책은 당신에게 인생 계획에 대한 가이드라인을 제공해 줄 것이다. 여기에는 현재 세계적으로 활용되는 '5대 시간 관리법'을 적용했다. 이를 통해 당신은 깊이 있는 내면의 여행을 할 수 있을 것이며, 그 과정에서 진정한 당신의 모습과 꿈을 발견하여 인생을 계획하게 될 것이다.

또한 이 책은 팀 관리에 대한 매뉴얼과도 같다. 개인의 인생에 계획이 필요한 만큼 개인보다 훨씬 더 규모가 큰 팀은 훨씬 더 세밀한 계획이 필요하다.

개인의 발전과 팀의 발전은 상충 없이 공생해야 하는 사이다. 혼자서만 지휘봉을 휘두르던 독불장군 시대는 진즉에 끝났다. 불교에는 '물방울을 영원히 마르지 않게 하려면 바다로 보내야 한다'라는 가르침이 있다. 물방울 혼자서는 살아남지 못한다. 팀은 개인이 성장하는 데 중요한 버팀목이 되며, 개인의 성장은 팀 발전의 초석이 된다. 이 둘 사이에 충돌이 일어나는 이유는 개인의 비전과 팀의 비전이 일치하지 않기 때문이다. 이 문제를 해결하려면 팀의 비전과 계획을 명확히 세우고 그 사명과 가치관을 명확히 해야 한다.

그러기 위해 나는 이 책에서 매력적인 8가지 계획을 제안한다. '인생에서 가장 집중해야 할 8가지'이다. 그 8가지 계획 안에 개인의 비전과 계획을 포함시키면 된다. 그렇게 해야 팀원들이 움직일 동력이 생기고 응집력이 생기는 것이다.

나는 이 책을 통해 여러분이 인생에서 가장 하고 싶은 8가지 일을 찾아내 삶을 마음껏, 멋지게 살아 내길 바란다.

특별히 이 책이 세상에 나올 수 있도록 많이 힘써주신 왕샤오단 선생님께 감사드린다. 국제코칭연맹ICF 차이나 지부 초대 코치이자 미국 4D 리더십 코치로 활약 중인 그녀는 이 책의 핵심 내용과 맥락을 잡는 데 지대한 영향을 준 사람이다. 그녀 역시 '인생 계획'을 통해 놀라운 변화를 경험했으며 수많은 꿈을 하나씩 실현했다. 현재 중국 코칭 영역의 권위자로 활약 중인 그녀는 '코칭식 세일즈' 과정의 총 설계를 맡고 있으며 베이징 앰배서더 교육 과정의 총 기획자 및 코치로도 활동 중이다. 원고 편집과 감수를 요청했을 때 흔쾌히 응해 준 그녀에게 다시 한번 감사의 말을 전한다.

그 밖에도 출판을 위해 힘써 주신 많은 분에게 감사드린다. 그분들이 없었다면 해낼 수 없었을 것이다.

마지막으로 늘 나를 이해해 주고 응원해 주는 사랑하는 부모님과 가족들에게 감사의 말을 전한다. 감사를 전하고 싶은 사람은 너무 많지만, 여기에 다 적지 못하는 점 너그러이 양해 바란다. 여러분이 있었기에 이 책이 세상에 나올 수 있었고, 여러분이 있기에 이 책으로 많은 사람의 인생에 도움을 줄 수 있을 것이다.

이 책에는 나의 성장 과정과 교육 현장에서 겪었던 실제 사례들이 등장한다. 일부분은 관련 자료를 찾아보고 인용했다. 원작자들에게 깊은 감사의 마음을 전한다.

저자 양창정

시간을 건너, 나에게 답하다

2006년, 서른네 살의 나는 한 기업에서 차장으로 일하고 있었다. 많이 지쳐 있었고 많이 힘들었다. 지금 돌아보면 업무적으로 '권태기'에 빠졌던 것 같다. 당시의 나는 내 미래가 잘 그려지지 않아 많이 방황했다. 그해 나는 마흔의 나에게 편지를 썼다.

마흔의 나에게,

너는 지금 어떤 모습으로 살아가고 있니?

아직도 아침마다 쏟아지는 잠과 사투를 벌이니?

"5분만 더, 5분만 더."라고 중얼거리며 침대에서 비비적거리고 있니?

여전히 서른네 살부터 다닌 그 회사에 다니고 있니?

단단한 삶으로 이끄는 성공 법칙

지각하지 않으려고 아직도 아침마다 택시를 타니?

출근 후에는 네가 좋아서 일하고 있니?

아니면 상사에게 보여 주기 위해 일하고 있니?

네가 하는 일로 많은 사람에게 도움을 주고 있니?

오후에는 업무 보고서나 PPT와 또 씨름하고 있니?

아직도 매일 회의의 연속이니?

퇴근 후에는 아이 숙제를 봐 주느라 정신이 없니?

여전히 SNS에 글을 올리니?

마흔의 너는 많이 늙었니?

서른넷의 너보다 더 자신감 있고 긍정적인 사람이 되었니? 아니면 소심

하고 비관적으로 변했니?

마흔의 너에게 가장 큰 재산은 무엇이니?

인생의 절반 정도를 살아온 너는 지금의 삶에 만족하니? 아니면 후회가

많이 남니?

앞으로 남은 인생 동안 뭘 할 거니?

이제 네 인생은 어떤 색으로 채워질까?

그리고 시간은 쏜살같이 흘러 눈 깜짝할 사이에 나는 마흔이 되

었다. 내게는 확실한 꿈이 있고 그것을 매일 충실히 이행 중이다. 또한 나는 내 인생을 계획하며 그 아름다운 이야기를 사람들과 나누고 있다.

나의 멘토 양창정 선생님께 진심으로 감사드린다. 내가 인생의 갈피를 잡지 못해 방황하고 있을 때 그의 강의를 들은 건 정말 행운이었다. 그가 알려 준 방법에 따라 나는 내 인생을 '사분면'으로 나누어 균형 있게 계획하고 그것을 다시 10년, 3년, 1년, 한 분기, 한 달 단위로 나누었다. 그렇게 계획한 뒤에 해마다, 월마다 꾸준히 실행해 나갔다. 그렇게 하다 보니 내 인생은 알록달록한 색으로 아름답게 채워지고 있다.

잠재력 공식 P=p-i

위 공식에서 P는 퍼포먼스Performance이며 p는 잠재력potential, i는 간섭, 방해interference 요소를 뜻한다.

모든 사람은 엄청난 잠재력을 지녔다. 그러나 그것을 얼마나 발현하는가는 개인마다 차이가 있다. 이유는 사람마다 방해받는 요

단단한 삶으로 이끄는 성공 법칙

소와 정도가 다르기 때문이다.

책에서 말하는 '8가지 핵심 계획'의 매력은 살면서 진정으로 하고 싶은 일을 선택하고, 거기에 에너지를 집중한다는 데 있다. 그렇게 하면 나의 걸음을 방해하고 간섭하는 요소를 하나씩 줄여 나가고, 산발적으로 흩어져 있던 삶의 에너지를 하나의 통로에 모을 수 있다. 그 통로는 바로 내가 가고자 했던, 늘 염원했던 '인생의 방향'이다.

꽃 한 송이만 핀다고 봄이 오지는 않는다. 백화가 만발해야 더 아름다운 봄이 된다. 3년 전, 양 선생님이 인생을 과학적으로 설계하고 계획하는 데 도움이 되는 책을 써 보자고 제안한 뒤로 벌써 천 번이 넘는 낮과 밤이 지났다. 그동안 나는 물론 나의 동료, 주변인들은 '인생에서 집중해야 할 8가지 일'의 원리를 통해 많은 도움을 얻고 인생의 방향을 바로잡았다. 그러자 양 선생님은 하루빨리 이 책을 세상에 내보내 더 많은 사람이 도움을 받았으면 하는 소망을 품었다.

3년 동안, 거의 모든 날을 이 책을 구상하고 내용을 정리하고 편집하는 데 사용했던 것 같다. 나와 우리 팀의 컴퓨터에는 최소한 이 책에 관한 열 가지 버전의 원고가 저장되어 있다. 소설 버전, 실전 버전, SF 버전, 다큐멘터리 버전….

최종적으로 탈고한 이 원고에서는 예쁜 수식어나 이론에 대한 설명을 최대한 빼고 간결하고 이해하기 쉽게 표현하려고 했다. 이 책과 인연이 닿는 모든 사람에게 부디 도움이 되길 간절히 바란다.

인생에서 집중해야 할 8가지를 실천하기 시작했다면 10년 후의 나에게 편지를 한 통 써 보는 건 어떨까? 10년 후, 당신의 인생을 돌아봤을 때 감동으로 가득한 시간으로 꽉 채워져 있길 바란다!

저자 양단오단

차례

추천사_천 번째 현이 끊어질 때까지   8

프롤로그 1_우리는 어디로 가고 있는가   17

프롤로그 2_시간을 건너, 나에게 답하다   24

PART 1 미지의 나를 향한 첫 항해

꿈은 끝까지 붙잡는 자의 것   34

깎고 다듬으며 우리는 완성되어 간다   40

내 안의 숨겨진 본질을 찾아서   47

나는 어떤 삶을 원하는 사람인가?   52

나만의 온도를 기록하다 어둠을 가르며 터지는 나만의 불꽃   58

숨겨 둔 마음 한 조각 내가 가야 할 길이 빛나기 시작할 때   62

PART 2 내 안의 새로운 빛을 만나다

방향을 잡는 자만이 길을 만든다   66

나만의 북극성을 찾아서   69

다른 옷을 입은 채로는 빛날 수 없다   73

먼저 '4-D'를 통한 정확한 포지셔닝이 필요하다   82

나만의 온도를 기록하다 운명을 움직이는 방향 전환   92

숨겨 둔 마음 한 조각 삶은 방향에서 시작된다   96

PART 3 나만의 길을 세우는 여덟 가지 전략

흔들릴 때 인생은 다시 설계된다   98

삶의 토대를 세우는 네 가지 영역   103

원하는 삶으로 이끄는 인생 지도 만들기   109

나만의 온도를 기록하다 불안을 딛고 일어서는 힘은 '지금'에서 온다   117

숨겨 둔 마음 한 조각 속도를 늦추면 오늘이 달라진다   122

PART 4 꿈을 자유롭게 비상시켜라

크게 이루려면 작게 시작하라   124

큰 꿈은 작은 단계에서부터   126

단계를 밟아 완성하는 내 인생 목표   131

비결은 단 하나, 꾸준함   137

나만의 온도를 기록하다 균형 잡힌 계획이 만드는 성장   142

숨겨 둔 마음 한 조각 목표에서 발견하는 하루의 가치   147

PART 5 핑계를 멈추는 순간, 진짜가 시작된다

행복을 가로막는 세 가지 사고방식   150

꿈을 가로막는 네 마리 좀비   161

어떤 마음에 먹이를 주고 있는가   168

모든 순간은 흐른다   172

고난은 누구에게나 온다   180

나만의 온도를 기록하다 세상을 바꾼 건 바로 사랑이었다   186

숨겨 둔 마음 한 조각 그래도 우리는 성공할 것이다   192

PART 6 '열린 마인드'로 세상을 마주하라

나는 반드시 해낼 수 있다   194

주어진 모든 것이 최선이다   201

진짜 게으른 사람은 없다   207

나만의 온도를 기록하다 경쟁자는 바로 나 자신   210

숨겨 둔 마음 한 조각 나를 믿는 힘이 곧 성공의 시작   216

PART 7 큰 바다에서 더 멀리 헤엄쳐라

작은 물방울이 모여 이루는 거대한 바다   220

포기하지 않고 한 걸음씩   223

빛나는 재능은 결국 드러난다   230

나를 키우는 건 결국 '우리'다   234

나만의 온도를 기록하다 함께여야 진짜 강해진다   239

숨겨 둔 마음 한 조각 혼자 가면 빨리, 함께 가면 멀리   241

PART 8 우리 안의 숲이 자라는 시간

덜어 낼수록 선명해진다   244

미루지 말고 지금 시작하라   248

말의 무게를 견디는 사람   252

위대한 변화는 조금씩 시작된다   259

행복을 위한 '세 가지 질문'   264

나만의 온도를 기록하다 쓰러진 자리에서 다시 함께 일어나다   269

숨겨 둔 마음 한 조각 매일 조금씩 변화하라   276

미지의 나를 향탄
첫 항해

PART 1

꿈은
끝까지
붙잡는 자의 것

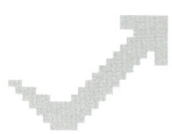

영국에서 실제로 있었던 일이다.

오랫동안 교직에 몸담았던 브로디는 은퇴 후 여유로운 나날을 보내고 있었다. 하루는 그동안 서재에 쌓아 두고 정리하지 못했던 오래된 책과 자료들을 정리하다가 상자 하나를 발견했다.

살면서 많은 일을 겪은 그였지만 그중에서도 2차 세계 대전은 결코 잊을 수 없는 기억이었다. 그 후로 정말 많은 것이 사라졌었는데 그때의 상자가 집안에 그대로 남아 있다니! 상자 속에서 그는 반가운 파일 하나를 발견하곤 호기심을 가득 품은 채 그 안에 적힌 내용들을 한 장 한 장, 조심스럽고도 정성스레 읽어 내려갔다. 거기에는 수십 년 전, 초등학교 교사 시절 '나의 장래 희망 쓰기' 시간에 아이

34

들이 고사리 같은 손으로 삐뚤빼뚤 써 내려간 저마다의 꿈이 적혀 있었다. 아이들의 꿈은 다양했다. 세상에서 가장 맛있는 요리를 만드는 셰프가 되고 싶다는 아이, 전 세계를 누비며 꿈을 펼치는 외교관이 되고 싶다는 아이, 자비롭고 아름다운 왕비가 되고 싶다는 아이….

그중에서도 특히 그의 눈길을 사로잡은 것은 국회의원이 되고 싶다는 데이비드의 꿈이었다. 그도 그럴 것이 데이비드는 앞을 보지 못하는 시각 장애인이었다. 데이비드는 자신이 영국 최초의 시각 장애인 국회의원이 되고 싶다고 적었다.

그로부터 50년이라는 세월이 흐른 지금, 그는 문득 아이들이 정말로 자신의 꿈을 이루었는지 궁금해졌다. 오랜 고민 끝에 그는 매체를 통해 공지문을 올렸다.

「ㅇㅇ초등학교 재직 시절의 수업 관련 자료를 보관하고 있습니다.
당시 '장래 희망 쓰기' 시간에 본인이 썼던 꿈이 궁금한 친구들은 제게 연락 바랍니다.」

얼마 지나지 않아 당사자들이 차례로 연락해 오기 시작했고, 대부분이 직접 찾아와 인사를 나누고 어린 시절 자신이 꾸었던 '꿈' 파일을 가져갔다.

지난 수십 년 동안 그들의 삶에는 많은 변화가 있었다. 꿈을 이룬 이도 있었고 그렇지 못한 이도 있었다. 행복하고 평온한 삶을 사는 이도 있었지만 그렇지 않은 이도 있었다. 마지막으로 그의 손에 남은 건 데이비드의 '꿈'이었다. 그는 어쩌면 데이비드가 먼저 세상을 떠났을지도 모른다고 생각했다. 지난 50년 동안의 세상살이가 너무나도 혹독했기 때문이다. 전쟁이 끊이지 않았던 처참한 세월 속에서 시각 장애인이었던 그에게는 살아남는다는 것 자체가 누구보다 힘들고 어려웠을지도 모른다는 생각이 들었다.

그렇다고 그의 '꿈'을 함부로 버리거나 치워버릴 수도 없는 노릇이었다. 고심 끝에 그는 데이비드의 '꿈'을 개인 수집가에게 기증하는 편이 좋겠다고 생각하고 필요한 절차를 진행했다. 그러던 중 편지 한 통을 받았다. 발신인은 데이비드 블렁킷 교육부 장관이었다.

선생님, 안녕하십니까. 저를 기억하시나요?
제가 바로 그 '꿈'의 주인공, 데이비드입니다.
지금까지 제 꿈을 소중히 간직해 주신 선생님께 진심으로 감사의 인사를 전합니다.
그날 이후로 저는 제 꿈을 마음에 새기고 그것을 이루기 위해 한 걸음씩 걸어왔습니다. 단 한 번도 포기하지 않았습니다. 그리고 마침내 50년 전의 그 꿈을 이루었습니다. 그러니 이제 그 꿈을 가지려 가지 않아도 될 것 같습니다.

혹시 꿈을 이루지 못해 절망하고 낙심하는 사람이 있다면 이렇게 말해 주고 싶습니다.

'꿈을 포기하지 않는 이상, 언젠가는 반드시 이루게 된다'고 말입니다.

성공은 멈추지 않는 자의 특권

모든 사람은 저마다의 꿈과 신성한 사명, 그리고 엄청난 잠재력을 지닌 채 이 땅에 태어나며 그 잠재력은 거대한 빙산과도 같다. 그러나 안타깝게도 대다수의 사람은 그 빙산의 일각조차 제대로 발휘하지 못한 채 생을 마감한다. 그러니 우리는 끊임없이 자신에게 이런 질문을 던져야 한다.

'나의 꿈은 무엇일까? 그 꿈을 어떻게 이룰 수 있을까?'

'내게 주어진 거룩한 사명은 무엇일까? 어떻게 그것을 실현할 수 있을까?'

'나에겐 어떤 잠재력이 있을까? 어떻게 그것을 최대한 발휘할 수 있을까?'

데이비드 블렁킷은 행운아였다. 일찍부터 자신의 꿈을 찾아 포기하지 않고 용감하게 도전한 끝에 마침내 인생의 목표를 이루었기 때문이다. 그러나 안타깝게도 자신이 진정으로 원하는 게 무엇인지 명확하게 아는 사람은 많지 않다.

2010년, 알리바바 그룹의 창업자 마윈이 청소년을 위한 텔레비전 공익 프로그램 〈개강 첫 수업開學第一課〉에 출연해 꿈을 향해 달려왔던 자신의 여정을 소개했다.

"저도 어릴 때는 여러분처럼 하고 싶은 게 참 많았습니다. 버스 기사도 되고 싶었고 매표소 직원도 되어 보고 싶었어요. 한때는 경찰관과 군인을 꿈꾸기도 했습니다. 하버드 대학 진학을 목표로 공부한 적도 있었죠. 하지만 여러분도 아시다시피 저는 그 어느 것 하나도 이루지 못했습니다. 그렇지만 저는 절망하지 않았어요. 대신 꿈을 바꾸었죠. 심할 때는 1년에 일곱, 여덟 번 꿈을 수정한 적도 있습니다. 물론 대부분은 이루지 못했지만 그건 중요한 게 아닙니다. 그보다 중요한 건 꿈이 지닌 힘을 믿고 그것을 이룰 때까지 계속해서 도전하는 거예요."

도전하는 사람에게 실패란 없다. 그저 잠시 잠깐, 성공이 주어지지 않았을 뿐이다.

중요한 건 '꺾이지 않는 마음'이다. 인생이라는 길고 긴 여정 속에서 우리는 끊임없이 꿈을 꿀 수 있어야 하며, 설사 커다란 장애물을 만났을지라도 그 꿈을 꺾어서는 안 된다. 진정으로 자신이 원하는 것, 자신이 되고 싶은 것을 단번에 찾아내는 사람은 극히 드물다. 어쩌면 열 개의 꿈 중에 단 하나도 이룰 수 없을지 모른다. 그렇다

해도 우리는 계속해서 도전해야 한다. 그렇게 한 걸음씩, 천천히 걷다 보면 진정으로 당신이 꿈꾸는 것을 끝끝내 찾을 수 있을 것이다.

깎고 다듬으며
우리는
완성되어 간다

대만 동부 평지에는 아미阿美족이라는 원주민들이 거주하고 있다. 타이둥에 위치한 게스트 하우스 '양광부쥐陽光布居'에서 출발해 태평양 연안 도로를 따라 차로 30분 정도를 달리다 보면 '갈지之'자 모양의 길이 나오는데 그 길을 쭉 따라가다 보면 아미족이 사는 마을이 나온다. 현지인들은 이 마을을 '목걸이'라는 뜻의 '샹렌項鍊'이라고 부른다. 전해 내려오는 이야기에 따르면 아주 오래전, 전쟁이 끝나고 폐허가 된 이 지역에 목걸이 하나가 덩그러니 남아 붙여진 이름이라고 한다.

바다 쪽에 붙어 있는 작은 마을인 샹렌에는 관광객이 묵고 갈 수

단단한 삶으로 이끄는 성공 법칙

있는 게스트 하우스들이 있다.

하우스를 장식한 원목 테이블과 의자는 해변의 나무를 소재로 만든 것으로 최대한 그 결을 살려 조각한 것 같았다. 언뜻 보기에는 다소 투박하고 거칠어 보여도 예술적인 감각과 감성이 충분히 묻어났다. 나중에 알기로는 게스트 하우스를 운영하는 주인 형제는 아미족 출신의 목조 예술가였으며, 해변에 있는 게스트 하우스는 그들의 작업실로도 사용되고 있었다.

우리가 막 도착한 시간이 점심시간이었기 때문에 직원들이 곧바로 식사를 준비해 주었다. 이렇다 할 그릇이나 젓가락 같은 건 없었다. 커다란 나뭇잎을 접어서 그대로 접시로 사용했고, 음식을 손으로 바로 집어 먹었다. 신선한 생선구이와 산에서 바로 잡아 요리한 토종닭, 바다에서 직접 잡아 올린 해초로 끓인 시원한 국까지 모든 것이 완벽했다. 철썩이며 부서지는 파도 소리가 귓가에 더해지자 이것이 현실인지 꿈인지 분간이 되지 않을 정도로 행복했다.

점심 식사 후, 우리는 해변으로 나가 저마다의 방식으로 휴식을 취했다. 평상에 앉아 시원한 바닷바람을 쐬거나 잔잔한 파도 소리를 자장가 삼아 낮잠을 청하기도 했다. 바위에 올라가 사진을 찍거나 파도가 밀려들 때마다 깔깔거리며 뒤로 물러났다가 다시 바다쪽으로 가까이 가기를 반복하기도 했다. 바위 위에 앉아 조용히 명상을 즐기기도 했다. 우리는 누군가의 지시를 따르지 않고 그저 각자의 방식으로 쉼을 누렸다.

한가로운 오후의 한때를 보낸 뒤 우리는 주인 형제의 작업실로 하나둘 모여들었다. 작업실 창문은 석조 장식으로 되어 있었는데 회전이 가능했다. 바람이 많이 불 때는 닫았다가 바람이 잔잔해지면 반대로 돌려서 열 수 있는 구조였다. 창을 통해 태평양의 풍경이 한눈에 담겼다.

우리는 작업실 안에 있는 나무와 조각칼을 가져와 자신이 저녁 식사에 사용할 그릇을 자유롭게 만들었다. 주인 형제는 작업실 밖에 앉아 바닷바람을 쐬며 그곳의 특산품인 야자열매를 오물거렸다. 작업실 안으로 들어와 주의 사항을 강조하거나 누군가를 가르치는 일은 없었다.

우리 모두에게 이 모든 것이 낯선 경험이었지만, 그렇다고 누구 하나 주인에게 쪼르르 달려가 가르쳐 달라거나 도움을 청하지 않았다. 우리는 각자 마음에 드는 모양의 나무와 조각칼을 고른 다음 조용히 자리에 앉아 그릇을 조각했다. 그럴 수 있었던 이유는 우리가 지금 여기에 어떤 전문적인 예술 작품을 만들기 위해 온 게 아니라는 걸 너무 잘 알았기 때문이다. 재미있고 유쾌한 경험, 그거면 충분했다. 그랬기 때문에 우리는 나와 나뭇조각, 그리고 그 나뭇조각이 변해 가는 과정에만 온전히 집중할 수 있었다.

눈 깜짝할 사이에 세 시간이 흘렀다. 호기심과 기대감을 품고 시작했다가 마음대로 잘되지 않자, 약간의 짜증과 조급함이 생겼다. 조금 더 시간이 지난 후에야 어느 정도 손에 익숙해졌고 점점 성취감과 만족감, 기쁨이 생겼다. 어찌 되었든 다 만들고 나니 후련한 마음도 들었다. 그 세 시간 동안 다양한 감정을 경험했다. 아마 다른 이들도 나와 비슷했으리라. 그중에는 작업에 너무 열중한 나머지 손에 물집이 잡힌 사람도 있었고, 조각칼에 손을 베인 이도 있었다. 하지만 이럴 때조차도 주인은 우리들의 작업에 아랑곳하지 않았다. '손을 조심하라느니, 나무를 세심하게 다뤄야 한다느니, 칼의 쥐는 방식은 이렇다느니'의 일체의 조언도 없었다.

그렇게 세 시간이 흐른 뒤 우리는 각자의 작품을 가만히 들여다보았다. 누군가의 것은 투박하고 거칠었고, 누군가의 것은 놀라운 정도로 정교했다. 자기 결과물에 만족하는 사람도 있었고, 그렇지 못한 사람도 있었다. 어찌 됐든 우리는 본인이 만든 그릇과 접시를 가지고 저녁을 먹으러 갔다.

그릇을 깨끗하게 닦은 뒤 그 위에 신선한 생선 요리와 먹음직스러운 반찬, 윤기가 좌르르 흐르는 찹쌀밥을 담았다. 직접 만든 그릇에 음식을 담아서인지 무언가 더 친근하고 더 맛있게 느껴졌다. 그리고 감사한 마음이 들었다. 우리는 쌀 한 톨도 남김없이 정말 맛있게, 배불리 그날의 만찬을 즐겼다.

길고도 쉽지 않은 과정을 거쳤던 덕분에 그날의 저녁 식사는 우리에게 완전히 새로운 경험을 선사해 주었다. 물론 각자 그릇을 만들 때 들인 공이 다른 만큼 느끼는 것에도 조금씩은 차이가 있었다. 뿌린 만큼 거둬들이는 것 같았다.

내가 만든 그릇은 정교한 편이었다. 표면이 매끈하고 크게 상처 난 곳이 없었다. 반면 한 친구의 그릇은 울퉁불퉁하고 거친 것이 다소 투박했다.

우리가 만든 그릇을 가만히 보고 있자니 이내 그것이 우리의 인생과도 많이 닮았다는 생각이 들었다. 곧게 뻗은 길을 큰 어려움 없이 순탄하게 걸어가는 인생이 있는가 하면, 굽이굽이 굴곡진 길을 거친 숨을 몰아쉬며 힘겹게 걸어가는 인생도 있다. 만일 한 번 더 살 수 있는 기회가 주어진다면, 그때는 매끈하고 반짝거리는 인생을 살기 위해 애쓰기보다는 거칠고 투박한 인생을 살아 보는 것도 나쁘진 않을 것 같다는 생각이 들었다.

우리의 인생은 무한한 가능성으로 채워져 있다. 다소 무모하더라도 조금 더 부딪혀 보고 조금 더 경험하고 많은 걸 시도해 보면서 내 마음이 가장 편한 방식을 찾아가는 모험을 쉬지 않아야 한다.

당신은 어떤 인생을 조각하고 있는가?

아미족 마을인 상롄으로 가기 위한 출발지인 게스트 하우스 '양광부쥐'의 주인 부부는 젊은 시절, 번화한 대도시에서 악착같이 돈을 벌면서 열심히 살았지만, 가끔 허탈하고 허무한 마음이 들었다고 한다. 그럴 때마다 타이둥 산골 마을에 바람을 쐬러 갔는데, 그곳에 가면 왠지 고향에 오기라도 한 것처럼 마음이 편안해졌다고 한다.

아미족 출신의 형제 사장도 한때 큰 꿈을 안고 도시로 내려가 성공을 거머쥐려 했지만, 사람들의 말과 기준에 휩쓸리다 보니 어느새 즐거움을 잃어버렸다고 했다. 다시 이곳으로 돌아와 가장 좋아하는 나무를 조각하면서 예술적 요소를 더한 게스트 하우스를 운영하다 보니, 멀리서도 이곳을 찾아 주는 여행객들에게 진심으로 고마운 마음이 든다고 했다. 그 말을 할 때 기쁨과 행복에 가득 찬 눈이 영롱하게 빛나는 걸 볼 수 있었다.

타이베이 톈무天母에는 열두 평 남짓의 작은 국수 가게가 하나 있다. 가게 구석구석에 자리한 초록의 식물들과 아기자기한 액세서리가 시선을 끄는 집이었다. 이곳을 오가는 손님들은 너무도 자연스레 그곳에 스며들어 조화를 이룬다. 단출하고 소박한 메뉴에서는 사장님의 오랜 내공과 정성이 느껴진다. 다른 장황한 설명 없이도 사장님이 그 가게에 얼마나 많은 애정을 쏟고 있는지 알 수 있다.

사실 우리는 모두 '인생의 조각칼'을 들고 있다. 그 조각칼로 멋지고 빛나는 인생을 만들어 낼 것인지, 아니면 조악하고 엉성한 인생을 만들 것인지는 오로지 자기 자신에게 달려 있다.

당신은 지금 어떤 인생을 만들어 나가고 있는가?

때로는 천천히 가는 게 가장 빠른 방법일 수 있다. 지금 잠시 가던 길을 멈추고 생각해 보자. 당신은 그 조각칼로 어떤 작품을 만들고 싶은가?

내 안의
숨겨진 본질을
찾아서

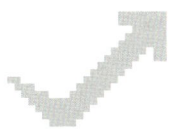

범죄를 저지른 승려를 압송하는 일을 하는 관리가 있었다. 하루는 그가 범죄 승려를 이송하던 중 시간이 늦어 한 여관에서 잠을 청하게 되었다. 그날 밤, 승려는 관리에게 술을 잔뜩 먹이고는 취해서 잠든 틈을 타 관리의 머리를 삭발해 버리고 도주했다. 다음 날 아침, 눈을 뜬 관리는 승려가 사라진 것을 눈치채고 깜짝 놀라 방 안을 살피기 시작했다. 정신없이 방 안을 뒤지던 그는 거울 속에 비친 자기 모습을 보고 가슴을 쓸어내리며 말했다.

"아휴, 여기 있었구먼. 도망간 줄 알았네."

그러나 이내 이상한 낌새를 느끼고 고개를 갸우뚱거렸다.

"아니 그럼… 나는 대체 어디 간 거지?"

명나라의 정치가이자 유학자인 조남성이 쓴 '소찬小帖(명대 문인들이 즐겨 쓴 짧은 글)'에 등장하는 일화다. 재치 있게 풀어낸 일화지만 실제로 '나는 누구인가?'라는 인생의 가장 근본적이고 기초적인 질문을 진지하게 고민하는 사람은 많지 않다. 꿈을 이루기 위해 떠나는 여정에서 가장 먼저 해야 할 일은 '나는 누구인가?'에 대한 답을 찾는 것이다.

사람들은 모두 각자 자기만의 사명을 지닌 채 이 땅에 태어난다. 그러나 우리가 사는 세상에서는 사명과는 상관없이 개인의 신분이나 지위, 명예나 권력 등이 그 사람의 가치와 인생의 태도를 결정하기도 한다.

태국의 수도 방콕에는 '왓 트라이밋'이라는 조그만 사찰이 있다. 여기에 무게 5.5t, 높이 3m에 달하는 거대한 황금 불상이 있는데 그 가치가 무려 2억 달러에 가깝다고 한다. 불상 앞에는 조그만 유리상자가 놓여 있는데 그 안에는 작은 진흙 덩어리가 보관되어 있다. 이 보잘것없는 진흙 덩어리에 관한 사연은 많은 사람에게 놀라움을 안겼다.

수백 년 전, 지금의 태국은 '시암 왕조'로 불렸다. 당시의 버마 군대, 지금의 미얀마가 시암 왕조를 침략하면서 전쟁이 일어났다. 시암 승려들은 나라가 위태로운 것을 깨닫고 자신들이 소중히 여기는 황금 불상을 적들에게 약탈당할까 봐 불상에 진흙을 입히기 시작했다. 미얀마 군대는 시암의 승려들과 국민들을 학살했지만 다행히 황금 불상은 발견하지 못했다. 그 후로 오랜 세월이 지났지만 사람들은 여전히 황금 불상의 비밀을 알지 못했고, 그저 거대한 진흙 불상으로 여기며 크게 신경 쓰지 않았다.

1957년, 대대적인 국토 사업이 일어나면서 방콕을 통과하는 고속도로 공사가 시작되자 사원의 위치를 이전해야 하는 일이 생겼다. 사찰의 승려들은 진흙 불상을 새로운 장소로 이동시키기로 결정했다. 크레인을 동원해 거대한 진흙 불상을 들어 올리는 순간, 그 무게 때문에 불상에 금이 가기 시작했다. 설상가상으로 폭우까지 내렸다. 주지 승려는 작업을 취소하고 커다란 비닐로 불상을 덮어두었다.

그날 밤 주지 승려는 불상의 파손 부위를 점검하기 위해 비닐을 젖히고 플래시로 불상을 비추었다. 금이 간 곳을 비추자 희미한 빛이 새어 나왔고 이를 이상하게 여긴 그는 그곳을 자세히 살펴보았다. 아무래도 불상 내부에 무엇인가 들어 있는 것 같다는 생각에 끌과 망치를 가져다가 진흙을 조심스럽게 걷어내기 시작했다. 작업이 진행될수록 새어 나오는 빛은 더 강렬해졌다. 오랜 작업 끝에 그는 황금으로 만들어진 거대한 불상 앞에 마주 서게 되었다.

우연처럼 보이는 황금 불상의 '출토'는 사실 필연적인 사건이었다. 아무리 많은 세월이 흘러도, 아무리 두텁게 진흙을 덧바를지라도 그것은 늘 그 자리에 한결같이 실제로 존재하고 있었기 때문이다. 그렇지만 대부분의 사람은 겉으로 보이는 진흙 불상에만 주목할 뿐, 그 안에 숨은 본질은 잘 보지 못한다.

사실 모든 사람의 마음속에는 값으로 따지기 힘든 '황금 불상'이 존재한다. 태어날 때부터 주어진 '재능'이 바로 그것이다. 하지만 정말 안타깝게도 많은 이가 현실의 이런저런 이유로 그것을 발견하지 못한다. 때로는 남의 시선이 두려워서, 때로는 자신이 상처받을까 봐 계속해서 진흙을 덧대어 바르고 포장하지만 그럴수록 원래의 내 모습과는 멀어진다. 결국 그 진귀한 재능을 제대로 발휘하지 못한 채 생을 마감하는 사람이 부지기수다.

'나는 누구인가?'
'나의 재능은 무엇일까?'
'나는 어떤 사람인가?'

나를 진정으로 이해하는 것이야말로 성공으로 가는 첫걸음이다. 나의 장단점이 무엇인지, 나는 어떤 사람인지 자기 자신조차 제대

단단한 삶으로 이끄는 성공 법칙

로 알지 못하는 사람이 어떻게 수많은 역경과 위기를 극복하고 성공을 향해 나아갈 수 있겠는가.

그러므로 우선 내가 잘하는 건 무엇인지, 고쳐야 할 점은 무엇인지, 지금까지 어떤 경험을 했고 그 속에서 얻을 교훈은 무엇인지 등을 깊이 생각해 보자. 그런 다음 앞으로 나아가야 할 방향과 방법에 관해 고민해 보도록 하라.

내가 누구인지에 관해 이해하려면 우선 '내가 원하는 것'이 무엇인지 생각해 보는 것이 좋다.

나는
어떤 삶을
원하는 사람인가?

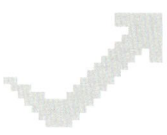

몇 년 전, 세계적인 코칭 전문가 앳킨슨 박사와 나누었던 대화가 아직도 기억에 생생하다.

"당신이 살면서 가장 하고 싶은 것, 진정으로 원하는 게 뭔가요?"

그녀의 질문에 내가 웃으며 대답했다.

"제가 항상 다른 사람에게 하는 질문이네요. 저 스스로에게 자주 던지는 질문이기도 하고요."

"오, 그래요? 그걸 단어로 표현한다면 어떤 것들이 있을까요?"

순간 나는 잠시 멍해졌다. 어떤 일을 하고 싶은지, 앞으로의 꿈은 무엇인지 등에 관해 정말 자주 생각해 봤지만, 명확하게 단어로 정리해 본 적은 없었기 때문이다. 그런 나를 보며 그녀는 종이와 펜을

단단한 삶으로 이끄는 성공 법칙

꺼내 동그라미 하나를 그린 뒤 그것을 피자 조각처럼 8등분 했다. 이어서 내가 인생에서 가장 중요하다고 생각하는 가치를 여덟 단어로 적어 보라고 했다. 내가 적은 내용은 아래와 같았다.

　"좋아요. 그럼 여기서 당신에게 가장 중요한 것을 딱 세 개만 고르라면 어떤 걸 고르시겠어요?"

　그녀의 질문은 계속되었다.

　"음… 성공, 행복, 그리고 사랑이요."

　"성공, 행복, 사랑. 이 세 가지가 당신에게는 어떤 의미인가요? 이것들을 떠올리면 어떤 느낌이 들어요?"

　이 질문을 듣고 나서야 나는 비로소 이 세 가지가 내게 어떤 의미인지 깨달았다. 이 가치들을 얘기할 때 나는 몸과 마음이 편안해지고 내면이 충만해지는 것을 느낄 수 있었다. 내가 생각하는 인생의 중요한 가치와 그에 관한 정의는 다음과 같았다.

성공	일/사업에서 성과를 내는 것
	가치 있는 사람으로 살아가는 것
	다른 사람들에게 인정과 존경을 받는 사람이 되는 것
	삶을 마감하기 전, 세상과 후대를 위해 의미 있는 일을 하는 것
행복	내면에서 우러나오는 즐거움
	가족과 친구, 사랑하는 사람들, 아름다운 자연과 함께할 때 생기는 마음
	무슨 일을 하든지 늘 나와 함께하는 감정
사랑	내면에서 우러나오는 감사와 수용, 희생
	대가를 바라지 않고 누군가를 위해 기꺼이 친절을 베푸는 행위
	정말 도움이 필요한 사람들에게 손을 내밀어 그들의 인생에 변화를 주는 것
	나로 인해 주변 사람들이 서로를 더 아끼고 존중하며 그 힘으로 세상을 밝게 비추는 것

이렇게 정리하고 보니 나는 어떤 사람이며 내가 진정으로 원하는 것이 무엇인지 조금 더 쉽게 이해하는 데 많은 도움이 됐다.

- 내가 원하는 것은? - 성공과 행복, 그리고 사랑
- 나는 어떤 사람인가? - 성공과 행복을 꿈꾸며 사랑으로 충만한 삶을 희망하는 사람

단단한 삶으로 이끄는 성공 법칙

만일 위의 두 항목을 이룰 수 있다면 마지막 눈을 감기 전에 내 인생을 돌아보며 나 자신과 나의 후손들, 그리고 주변 사람들과 이 세상을 향해 당당히 이렇게 말할 수 있을 것 같았다.

"나는 성공한 사람입니다. 행복과 사랑으로 충만한 인생을 살았거든요. 저는 결코 인생을 허투루 낭비하지 않고, 부끄럽지 않게 살았습니다. 이번 생을 살 수 있어서 참 고마웠습니다."

확인해 봅시다!

자, 이제는 당신의 차례다. 당신이 진정으로 원하는 것이 무엇인지 고민해 본 적 있는가?

아래의 몇 가지 질문은 당신 자신을 좀 더 명확히 이해하는 데 도움을 줄 것이다.

먼저 조용한 공간을 찾아 편안한 마음으로 앉아서 다음의 질문을 곰곰이 생각해 보자.

1. 당신이 살면서 가장 원하는 것은 무엇인가?

2. 그것을 다음 표에 여덟 개의 단어로 정리해 보자.

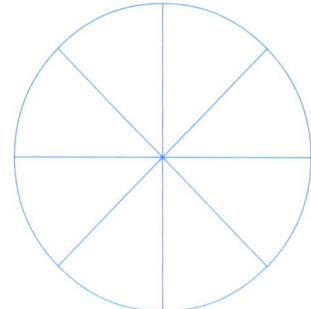

3. 여덟 개 가운데 당신에게 제일 중요한 가치를 세 가지 골라보자.

①

②

③

4. 당신은 어떤 사람이 되고 싶은가? 한마디로 정리해 볼 수 있겠는가?

5. 당신이 원하는 사람이 되었을 때 눈앞에 어떤 장면이 그려지는가?

어둠을 가르며 터지는 나만의 불꽃

우리는 삶이 끝나는 순간을 통제할 수 없지만, 삶의 내용과 깊이, 넓이는 통제할 수 있다.

우리는 삶이 어디로 뻗어 나갈지는 예측할 수 없지만, 그것을 충만하게 채워 나갈 수는 있다. 삶은 단 한 번밖에 주어지지 않지만, 삶의 질은 우리 스스로 높여 나갈 수 있다.

– 영국 문학가, 토머스 브라운

2012년 6월 30일은 홍콩 명예의 전당에 올랐던 유명 록 밴드 '비욘드 Beyond'의 메인 보컬이자 기타리스트 황가구^{黃家駒}가 세상을 떠난 지 19주년이 되는 날이었다.

그날, 나는 출장 업무를 마치고 평소처럼 차를 몰고 호텔로 돌아가고 있었다. 우연히 켠 라디오에서 비욘드의 '광휘세월^{光輝歲月}'이 흘러나오고 있었다. 익숙한 선율, 황가구 특유의 시원한 목소리를 듣자 순간 온몸에 전율이 흐르며 한창 그 노래에 빠져 지내던 지난 시절이 떠올랐다.

시간은 모든 걸 사라지게 만들어

지친 눈으로 희망을 찾아 헤매

오늘 할 수 있는 건 남아 있는 몸으로

빛나는 내일을 기다리는 것

거친 파도 속에서도 자유를 붙들자

인생이란 원래 방황과도 같은 것

90년대 대표적인 록 가수로 꼽히는 황가구는 셀 수 없이 많은 히트곡과 신드롬을 탄생시켰다. 당시 그가 작곡했던 노래의 가사는 젊은이들에게 때로는 힘과 용기를, 때로는 마음의 위로와 안식을 주었다. 황가구 특유의 시원한 보이스와 자유로움은 시대와 환경에 얽매이지 않는 그만의 독특한 음악을 만들어 냈고, 시들지 않는 청춘들을 열광하게 했다. 시원한 음색으로 세상을 향해 내지르는 말들과 현란한 기타 연주 솜씨 덕분에 그는 젊은이들에게 많은 사랑을 받았다.

그는 항상 '꿈을 포기하지 말라'고, '네가 꿈꾸는 걸 이룰 수 있다'라고 격려하고 위로했다. 그래서 꿈을 향해 달려가는 이들은 힘을 얻고 계속해서 도전할 수 있었다. 그의 음악은 절망한 사람에게는 위로를, 실패한 사람에게는 다시 일어날 힘을, 길을 잃고 헤매는 사람에게는 불빛을, 상처받은 사람에게는 안부를 건네주었고, 삶을 고통스러워하는 사람에게는 영혼의 안식처가 되어 주었다. 그의 음악은 어둠을 뚫고 들어오는 한 줄기 빛이 되어 앞이 보이지 않아 힘들어하는 이들의 발등을 환히 비춰 주었다. 특히 그는 음악을 통해 세상의 평화와 안녕, 사랑과 평안을 부르짖었다.

그러나 1993년 6월 30일, 너무 아까운 나이에 그는 자신이 그토록 사랑했던 음악과 이별을 맞이해야만 했다. 너무나도 황망하고 갑작스러웠던 그의 죽음은 팬들에게 세상이 무너지는 듯한 충격을 안겨 주었다. 그를, 그의 음악을 사랑했던 사람들은 그 사실을 어떻게 받아들여야 할지 몰라 방황했고, 심지어 그의 죽음을 부정하는 사람들도 있었다. 하지만 그는 이 세상에 없었고 비통함에 젖은 팬들이 할 수 있는 일이라고는 그의 노래를 들으며 그가 추구했던 정신을 기리는 것이었다. 그것이 그의 죽음을 애도하는 최선의 방법이었다.

나의 영원한 록 밴드, 영원한 황가구. 그 익숙한 노래의 선율은 여전히 내 마음과 생각을 요동치게 만들었다. 그리고 '광휘세월'의 가사 한 마디, 한 글자는 지친 마음과 영혼을 어루만져 주었다. 그러다 문득 그런 생각이 들었다.

'진정한 '나'로 살아 본 사람, '나'의 가치를 충분히 발휘한 사람의 인생은 이런 힘이 있구나.
그런 삶은 끝난다고 해도 정말로 끝이 아닌 거야!'

깜깜한 밤하늘에 웅장한 소리를 내며 화려하게 터지는 폭죽처럼 진정한 '나'로 산 사람의 인생은 눈부실 정도로 찬란하게 빛난다. 그리고 영원히

단단한 삶으로 이끄는 성공 법칙

영향을 준다. 어쩌면 그런 인생은 짧더라도 후회가 덜 하지 않을까.

아무리 오래 산다고 해도 '진정한 나'로 살아 보지 않은 사람의 인생은 부럽지 않다. 단 한 번도 찬란하게 꽃피워 보지 않은 인생, 이 세상을 위해 아무것도 남기지 못하는 인생, 자신의 가치를 드러내기 위해 단 한 번도 노력해 보지 않은 인생이 대체 무슨 의미가 있으랴.

신은 모두에게 공평하게 생명을 부여하지만, 누군가는 아무런 의미 없이 허송세월을 보내고 누군가는 자신만의 찬란하고 아름다운 인생을 살아낸다. 같은 생명인데도 결과가 다른 이유는 삶을 대하는 마음가짐이 다르기 때문이다.

기필코 정상까지 올라가 보겠노라 마음먹고 살아가는 사람의 삶은 언제나 활기 넘친다. 이런 마음은 누구나 한 번쯤 가져볼 수 있지만 그것을 변함없이 유지하는 사람은 많지 않다. 진정으로 자기 자신을 신뢰하는 자만이 그걸 해낼 수 있기 때문이다.

내가 가야 할 길이 빛나기 시작할 때

꿈은 자아실현을 위해 끝없이 정진하고 노력하게 하는 삶의 원동력이 된다. 그래서 인간이 살면서 정신적으로 가장 아름다운 경지에 이르도록 도와준다. 사람은 일단 꿈이 생기면 미래에 대한 무한한 기대와 앞으로 나아갈 힘이 생기며 용기와 신념을 갖게 된다.

그러므로 '인생에서 가장 중요한 8가지'를 찾아가는 여정을 시작하기로 마음먹었다면 가장 먼저 자신의 꿈이 무엇인지 알기 위해 배우고, 노력해야 한다.

『존 아저씨의 꿈의 목록』이라는 책에는 다음과 같은 이야기가 소개되어 있다.

존 고다드는 열다섯 살에 '살면서 꼭 이루고 싶은 127개의 꿈의 목록'을 적었다. 그리고 61세가 되었을 때 127개의 꿈 가운데 108개를 이뤄 냈다. 무엇이 이를 가능하게 만들었을까?

사건의 발단은 1939년 겨울, 우연히 부모님이 친구분과 나누는 대화를 듣게 된 것에서부터 시작되었다. 부모님도 어렸을 때는 존처럼 꿈 많은 아이였지만 돌아보니 이루지 못한 게 너무 많아 지금은 후회가 남는다고 하셨다. 그 이야기를 들으며 존은 훗날 자신은 그런 후회를 남기지 않고 가족들의 자랑거리가 되었으면 좋겠다고 생각하고는 곧바로 살면서 가장 하고 싶은 것을 적어나가기 시작했다.

그렇게 하나하나 적다 보니 어느새 꿈은 127개가 되었다. 그는 날마다, 수시로 그 꿈을 상기하면서 반드시 실현해 나가야겠다고 늘 다짐했다.

그의 꿈은 다양했다. 에베레스트 등반하기, 비행기 조종법 배우기, 나일강과 북극 및 남극 탐험하기, 셰익스피어와 플라톤 등 17명 거장들의 전집 완독하기, 우주 탐사하기 등등….

그는 이 꿈들을 이루기 위해 과학적이고 세밀한 계획을 세웠다. 가장 먼저 몸을 튼튼히 하기 위해 운동부터 시작해 모든 꿈을 이루기 위한 구체적인 방법을 모색하면서 자기만의 방식으로 버킷리스트를 하나하나 달성해 나갔다. 하나씩 꿈을 이뤄 갈 때마다 그는 기쁜 마음으로 목록을 지워갔다.

그렇게 수십 년을 노력한 끝에, 그는 61세가 되던 해에 108개의 리스트를 달성할 수 있었다. 그는 나일강을 탐험했고, 셰익스피어와 플라톤 등의 명작을 완독했다. 나아가 책을 읽으며 궁금했던 사상이나 사회주의 등을 조금 더 심도 있게 연구하기도 했다. 비행기 조종을 배워서 40여 대의 비행기를 조종할 수도 있었다. 또 나일강을 탐험하며 겪었던 경험을 기록한 책은 출간 뒤 베스트셀러가 되기도 했다.

'뜻이 있으면, 반드시 이뤄진다'라는 속담이 있다. 자기를 정확하게 이해하고 분석한 사람은 자신이 이루고 싶은 꿈과 목표를 정확히 알 수 있다. 그 목표를 향해 포기하지 않고 끝까지 노력한다면 그 사람의 인생은 반드시 달라질 것이다.

물론 인생은 녹록지 않다. 수많은 어려움과 걸림돌, 장애물을 만나게 될 것이다. 그러나 꿈이 있는 사람은 담담하게 그 도전과 유혹을 이겨 내 반드시 꿈을 이룰 것이다.

당신의 꿈은 무엇인가? 그 꿈을 찾기 위한 여정을 시작했는가? 아직 정확히 알지 못하겠다면 이 책을 읽으며 함께 길을 떠나 보자.

세상에 늦은 때란 없다. 자신을 신뢰하라. 믿어만 준다면 당신은 반드시 해낼 것이다.

단단한 삶으로 이끄는 성공 법칙

내 안의
새로운 빛을 만나다

PART 2

방향을 잡는 자만이 길을 만든다

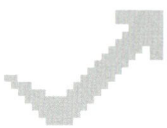

어느 항구로 향하는지 모르는 선장에게는 어떤 바람도 도움이 되지 않는다.

– 고대 로마 철학자, 세네카

아프리카 사하라 지역에 비셀이라는 작은 마을이 있다. 정확히 그들이 언제 사막에 정착했는지는 알 수 없지만 그곳 사람들은 약 천 년이 넘는 세월 동안 단 한 명도 사막을 벗어나 본 적 없이 그곳에서만 뿌리를 내리고 대대손손 살아왔다. 그도 그럴 것이 그들은 방향을 읽는 법을 몰랐기 때문이다. 그래서 언제나 사막을 걷다 보면 결국에는 돌고 돌아 다시 마을로 돌아오곤 했다.

단단한 삶으로 이끄는 성공 법칙

1926년의 어느 날, 영국 왕립학술원의 켄 레빈이 우연히 이 마을에 여행을 오게 되었다. 그는 마을 사람들에게 북극성을 활용해 방향을 읽는 법을 알려 주었다. 그가 일러준 대로 낮에 잠을 청했다가 밤에 일어나 북극성을 따라 걷다 보면 사막을 벗어날 수 있었다.

엑터라는 마을의 젊은이는 그 방법을 따라 최초로 망망대해와 같은 사막을 가로질러 나갔다. 그 후로 사람들은 같은 방법으로 마을을 오갈 수 있었다. 외부와의 교류가 활발해지면서 폐쇄적이고 빈곤했던 마을은 점차 발전을 거듭해 나갔다. 이제 이 작은 마을은 한 해에 수천, 수만 명의 여행객이 다녀가는 아프리카의 관광 명소가 되었고 마을 사람들은 이전보다 더 행복하고 아름다운 삶을 누리고 있다.

최초로 사막을 빠져나갔던 일을 기념하기 위해 마을 한가운데에 세워진 '엑터의 동상' 밑에는 이런 문구가 새겨져 있다.

"새로운 삶은 방향을 분명하게 잡는 것에서 시작한다."

얼마나 많은 사람이 평생 사막에서 빠져나오지 못하고 살아갈까?

얼마나 많은 사람이 아름다운 오아시스를 발견하지 못한 채 죽음을 맞이할까?

얼마나 많은 사람이 바쁜 일상에 치여 살아가느라 북극성을 보지
못할까?

얼마나 많은 사람이 '켄 레빈'이 알려 주는 새로운 방법을 듣고도
모른척할까?

당신도 한 번 곰곰이 생각해 보길 바란다.

'내가 갇혀 지내는 사막은 어디인가?'

'나에게 북극성이란 무엇인가?'

'나에게 엑터는 누구일까?'

'나의 삶에서 켄 레빈은 누구일까?'

'인생에서 해야 할 8가지'를 정리하는 것은 인생의 '방향'을 설정
하고 삶의 지도를 '설계'하는 데 많은 도움이 될 것이다.

새로운 삶을 시작하기 위해서는 인생의 방향을 분명하게 잡아야
한다. 그런 사람만이 '진정한 나'로 살 수 있으며 인생을 잘 계획한
사람만이 긍정적인 생각과 에너지를 품어 꿈을 실현할 수 있다. 인
생에 대한 계획이 없는 사람은 다른 사람의 말과 시선, 세상의 기준
과 잣대에 이리저리 휩쓸려 다닐 수밖에 없다.

단단한 삶으로 이끄는 성공 법칙

나만의
북극성을
찾아서

"솔직히 말하면 저는 머리가 그렇게 좋은 것도 아니고 능력이 특출난 것

도 아니에요. 저 같은 사람이 인생의 방향을 잘 잡는다고 한들 큰 의미가

있을까요?"

이렇게 생각하는 사람들과 나누고픈 일화가 있다. 한 정부 기관

세미나에서 고위 관리가 청중에게 자신의 경험담을 들려주었다.

10년 전쯤 그가 관할했던 농촌 지역에서 도로 공사를 진행했다.

어느덧 10년의 세월이 흘렀고 대다수의 도로는 파손되어 곳곳에

손봐야 할 곳이 넘쳐났지만 유독 한 곳만은 그렇지 않았다. 이를 의

아하게 여긴 사람들이 여기저기 알아본 끝에 재미난 사실 하나를

발견했다.

당시에는 공사를 하면 마을 사람들을 동원해 아스팔트 콘크리트 포장이 완전히 마르기 전까지 주민들에게 차량 진입을 통제하는 임무를 맡겼다. 그런데 해당 길의 통제 작업을 담당한 사람이 지적 장애가 있는 마을 청년이었다. 비록 다른 사람들도 같은 지시 사항을 전달받기는 했지만 실제로는 서로가 다 알고 지내는 사이인만큼 바쁠 때는 사정을 봐주면서 오갈 수 있게 눈감아 주었다. 그러다 보니 도로포장이 완벽히 마르기 전에 차량이 들어가는 바람에 그 무게에 눌려 포장이 망가지거나 도로가 변형되고는 했다. 그렇지만 그 청년은 정비 기간 동안 단 한 대의 차량도 진입하지 못하도록 막았고, 만일 이를 어기는 차량이 있으면 가차 없이 벽돌을 던져 차를 박살 내고는 했다. 그 결과 그가 담당했던 그 도로만 10년이 지나도록 훼손되지 않고 그대로 유지되었다.

이 세상의 모든 사람은 저마다의 가치가 있다. 설령 지적 장애가 있다고 해도 그에게 맞는 자리를 찾는다면 인생의 가치를 충분히 발현할 수 있으며 이 사회를 위해 기여할 수 있다. 이 세상에 하찮은 사람이란 존재하지 않는다. 그저 자신에게 맞는 자리를 찾지 못했을 뿐이다.

같은 씨앗이라도 바위나 모래 위에 떨어진 것들은 꽃을 피우지

단단한 삶으로 이끄는 성공 법칙

못한다. 그러나 비옥한 토양에 심어져 적당한 온도와 습도를 유지해 주면 금세 뿌리를 내리고 자라나 꽃을 피우고 열매를 맺기도 한다. 그중에는 사람들에게 아낌없이 나눠주는 아름드리나무로 자라나는 것도 있다.

모든 사람에게는 자기에게 맞는 방향과 자리가 있다. 그것을 잘 찾아가야 자신의 능력을 최대한 발휘할 수 있다. 그렇지 않으면 보잘것없는 존재로 인생을 허비하거나 심지어 비극적인 결말을 맞이하기도 한다.

특별히 목공에 대한 사랑이 남달랐던 중국 황제가 있었다. 전설에 따르면 그의 목공 솜씨는 웬만한 전문가들도 혀를 내두를 정도로 뛰어났다고 한다. '목공 황제'라는 별명이 있는 그는 바로 명나라의 제15대 황제 희종熹宗이다. 만약 역사를 다시 쓸 수 있다면 그는 목공의 신분으로 세상에 다시 태어났거나 노반魯班처럼 걸출한 목수로 이름을 알리고 후대를 양성했을 것이다. 하지만 그는 나라를 다스리는 국왕의 위치에서 국정을 다스리고 백성을 놀보기보다는 대부분의 시간을 목공예에 할애했고 그 결과 '망국의 군주'라는 오명을 남기게 되었다.

자리를 제대로 찾지 못했던 사람은 비단 명 희종뿐만이 아니었다. '황실 미술 천재'로 잘 알려진 북송의 제8대 황제 휘종徽宗도 그런 사람이었다. 그의 그림 실력은 일반 화가들은 명함도 내밀지 못할 정도로 훌륭했지만, 왕좌에 오른 뒤 예술 활동에만 몰두하고 정치는 뒷전으로 여겼던 탓에 결국 제9대 황제 흠종欽宗과 같이 금나라에 포로로 끌려가 죽음을 맞이했다.

남당의 마지막 황제인 이욱李煜 역시 학문과 문예에 뛰어나 〈우미인虞美人〉과 같은 후대에 칭송받는 훌륭한 작품을 남겼으나 급박한 정치 정세에 대책을 세우지 못하고 술과 연회에 빠져 방탕한 세월을 보내다가 결국 독살당하고 말았다.

왕의 신분에 어울리지 않는 사람들은 그 자리에서 자신은 물론 국가에도 전혀 도움이 되지 않는 인생을 살았다.

지금도 똑같다. 아인슈타인에게 농구를, 야오밍姚明에게 상대성이론 연구를 맡긴다면 어떨까? 자리를 잘못 찾아 앉은 사람은 자신에게 맞지 않는 옷을 입고 있는 것과 같다.

그렇다면 나에게 딱 맞는 자리를 어떻게 분별할 수 있을까? 다음의 내용을 읽어 보며 함께 생각해 보자.

단단한 삶으로 이끄는 성공 법칙

다른 옷을
입은 채로는
빛날 수 없다

모든 아이는 천재로 태어난다. 그러나 대부분은 살면서 그 천재성을 잃어버린다.

- 건축가, 버크민스터 풀러

헤엄을 못 치는 전갈이 있었다. 강 건너편이 너무 궁금했던 그는 개구리를 찾아가 부탁했다.

"저기, 나 좀 업고 저 강을 같이 건너지 않을래?"

"말도 안 되는 소리! 그러다가 네 독침에 쏘이기라도 하면 어떡하라고!"

개구리가 펄쩍 뛰며 말하자 전갈이 침착하게 얘기했다.

"절대 그럴 일은 없을 거야. 첫째, 우리는 서로에게 원한이 없고, 둘째, 혹시 내가 널 쏘기라도 하면 우리는 둘 다 같이 물밑으로 가라앉아 죽어 버릴 테니까."

전갈의 말이 일리가 있다고 생각한 개구리는 안심하고 그를 업어 주기로 했다. 강은 매우 넓었다. 반쯤 건넜을 때, 전갈은 깜빡 잠이 들었다가 어디선가 쌩하니 불어온 찬바람에 돌연 잠에서 깨어났다. 그 순간 눈앞에 있는 개구리를 보고는 본능적으로 꼬리를 말아 올려 사납게 쏘아붙였다. 개구리는 고통 섞인 비명을 지르고 서서히 물속으로 가라앉으며 원망을 털어놓았다.

"은혜를 원수로 갚는구나. 네가 어떻게 나를…."

그러자 전갈이 슬픈 얼굴로 말했다.

"정말 미안해. 나도 어쩔 수 없었어. 이게 내 천성이야…."

우리도 전갈과 같다. 모든 사람은 타고난 재능과 개성이 있다. 그 재능을 충분히 발휘하는 사람은 물 만난 고기처럼 살아가지만, 평생 자신의 단점에만 몰두하다 보면 아무것도 이룰 수 없다.

물고기는 깊은 물속에서 자유로이 헤엄쳐야 하고 새는 푸르른 창공에서 힘차게 날갯짓해야 한다. 그러나 안타깝게도 우리는 자꾸만 나를 바꾸고, 내 약점을 보완하는 데만 집중한다. 그러다 보니 본인의 천성이나 재능과는 전혀 상관없는, 흥미 없는 일을 하다가 무력감에 빠지는 일이 허다하다.

사람은 쉽게 바뀌지 않는다.

약점을 보완하려 안간힘 쓰지 말고

장점을 최대한 발휘하라.

그것만으로도 충분하다.

⋮

토끼에게 달리기 경주를 시켜라.

돼지에게 노래를 시키지 마라.

마커스 버킹엄과 커트 코프만의 『사람의 열정을 이끌어 내는 유능한 관리자』에 나오는 대목이 이를 잘 설명해 준다.

'지피지기 백전불태知彼知己 百戰不殆'라는 말이 있다. 상대를 알고 나를 알면 백 번 싸워도 위태롭지 않다는 뜻이다.

나를 발견하고, 나를 인식하고, 나를 이해하는 것이 바로 승리의 비결이다.

그렇다면 나는 누구일까? 그것을 어떻게 알 수 있을까?

나는 과연 물고기일까, 새일까?

어떻게 해야 나를 제대로 이해할까?

나에게는 어떤 잠재력이 있을까? 내 장점과 약점은 무엇일까?

나에게 맞는 진로와 직업은 무엇일까?

다음에 소개하는 몇 가지 방법이 이 고민을 해결하는 데 도움이
될 것이다.

① 파슨스의 진로 결정 3단계

과학이 발전하면서 저마다의 성격에 맞는 직업 적성을 알아보는
방법도 점차 다양해지고 있다. 진로 교육의 아버지라 불리는 파슨
스는 1909년『직업의 선택』이라는 저서를 통해 '현명한 직업 선택'
이란 '자신에 대한 명확한 이해와 여러 직업에 대한 지식을 합리적
으로 연결하는 과정'이라는 새로운 관점을 내놓았다.

· 1단계: 자기 분석

자신의 특성에 대해 잘 이해하는 것으로 자신의 흥미, 적성, 성
격, 가치관 등을 알게 되는 것을 의미한다.

· 2단계: 직업 분석

직업이 요구하는 특성, 직업 조건, 직업 전망 등 직업 정보를 습
득하는 과정을 일컫는다.

· 3단계: 합리적이고 과학적인 매칭

이전 두 단계를 통합해 자신에게 가장 알맞은 직업을 선택하는
합리적 과정을 지칭한다.

단단한 삶으로 이끄는 성공 법칙

이후로 '진로 선택'은 일종의 전문적인 학문으로 발전하게 되었다. 파슨스의 3단계 이론은 적용이 쉽다는 점에서 수십 년 동안 많은 이의 인정을 받아 현재는 미국의 진로 상담과 관련한 핵심 이론으로 자리 잡았으며 전 세계적으로도 통용되고 있다.

② 존 홀랜드의 6가지 직업 성격 유형

진로 발달 모델을 만든 홀랜드는 직업적 특성과 개성에 따라 그 유형을 아래의 6가지로 분류했다. 그의 이론에 따르면 각각의 유형에 속하는 사람들은 서로 비슷한 특징을 지녔으며, 그에 상응하는 성격의 직업에 흥미를 보인다. 이를 토대로 각자의 개성과 성격에 따라 합리적으로 직업을 선택할 수 있다.

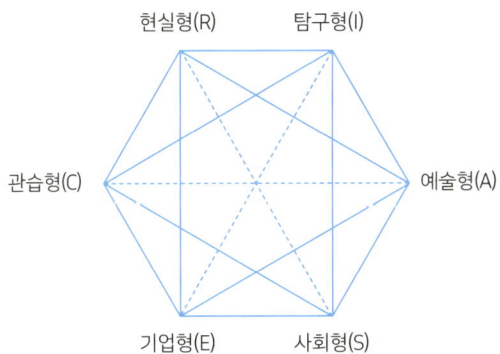

- 현실형(R): 활동적이며 소박하고 솔직해 기계적 적성이 높다.

  예) 기술자, 엔지니어, 자동차 정비사, 운동선수

- 탐구형(I): 탐구심이 많고 논리적, 분석적, 합리적이며, 지적 호기심이 많아 수학 적성이 높다.

  예) 과학자, 의사, 화학자, 인류학자, 물리학자

- 예술형(A): 상상력이 풍부하고 감수성이 높다. 자유분방하고 개방적이다. 예술적 적성이 높다.

  예) 예술가, 연예인, 소설가, 미술가, 음악가

- 사회형(S): 친절하며 이해심이 많고 인간관계 능력이 높다. 봉사적 적성이 높다.

  예) 사회 복지사, 심리 상담사, 교사, 종교인

- 기업형(E): 지도력과 설득력이 있으며 열성적이고 경쟁적이며 언어 적성이 높다.

  예) 경찰, 정치가, 판사, 영업사원

- 관습형(C): 책임감이 있고 빈틈이 없으며, 조심성이 많아 변화를 좋아하지 않는다. 사무적 적성이 높다.

  예) 서기, 세무사, 행정공무원, 은행원

③ 4-P 성격 유형

사람의 성격을 내향과 외향, 이성과 감성이라는 지표를 기준으로

권력형Power, 완벽주의 및 개혁형Perfect, 낙천형Popular과 중재형Peace
의 4가지 종류로 분류한다.

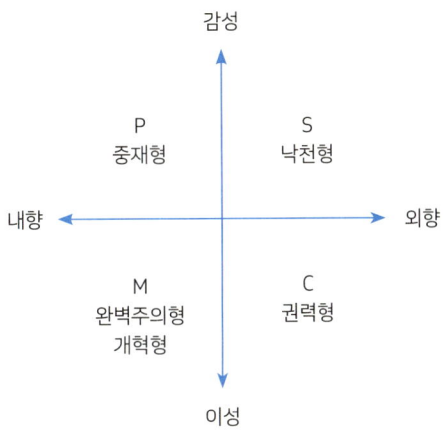

④ MBTI 성격 유형

MBTI는 융의 심리 유형론을 근거로 이사벨 마이어스와 캐서린
브리그스 두 모녀가 일상생활에서 유용하게 활용할 수 있도록 고안
한 자기 보고식 성격 유형 지표이다. 다음과 같은 기본적인 4가지
선호 지표를 토대도 16가시 선호유형에 내한 징보를 제공한다.

외향Extraversion - 내향Introversion / 감각Sensing - 직관Intuition

사고Thinking - 감정Feeling / 판단Judging - 인식Perceiving

MBTI는 4가지 조합을 통해 총 16가지 성격 유형을 제공한다. 16가지 성격 유형의 주된 특징은 다음과 같다.

ISTJ 세상의 소금형	ISFJ 임금 뒤편의 권력형	INFJ 예언자형	INTJ 과학자형
• 조용하고 진지하며 집중력이 뛰어남 • 한 번 시작한 일은 끝까지 해냄	• 조용하고 다정하며 신중함 • 성실하고 온화하며 협조를 잘함	• 일의 동기를 이해하고 내면 파악에 뛰어남 • 인간관계에 뛰어난 통찰력 지님	• 독창적이고 창의적인 마인드를 추구 • 전체적인 부분을 조합하여 비전을 제시
ISTP 백과사전형	**ISFP 성인군자형**	**INFP 잔 다르크형**	**INTP 아이디어 뱅크형**
• 상황에 대해 관조적이고 유연함 • 논리적이고 상황 적응력이 뛰어남	• 조용하고 다정하며 친절함 • 따뜻하며 겸손한 감성을 지님	• 가치 있고 의미 있는 삶을 추구함 • 이상적인 세상을 만들어 가는 데 주력	• 논리적이고 분석적 • 비평적인 관점이 있는 뛰어난 전략가들
ESTP 수완 좋은 활동가형	**ESFP 사교적인 유형**	**ENFP 스파크형**	**ENTP 발명가형**
• 상황에 유연하게 대처하며 행동 지향적 • 친구, 운동, 음식 등 다양한 활동을 선호	• 사교적이고 친절하며 관용적 • 분위기를 고조시키고 우호적임	• 열정적이고 따뜻하며 상상력이 풍부함 • 열정적으로 새로운 관계를 만들어 감	• 활기차고 기민하며 거리낌 없이 표현함 • 풍부한 상상력을 바탕으로 새로운 것에 도전
ESTJ 사업가형	**ESFJ 친선 도모형**	**ENFJ 언변능숙형**	**ENTJ 지도자형**
• 객관적이고 논리적이며 현실적이고 실용적 • 사무적, 실용적, 현실적으로 업무 처리	• 따뜻하고 협조적이며 주변 사람들과 조화롭게 화합함 • 친절과 현실감을 바탕으로 타인에게 봉사	• 조화로운 인간관계를 중시하며 어휘가 풍성하고 따뜻함 • 타인의 성장을 도모하고 협동적	• 장기 계획과 목표를 뚜렷하게 설정하고 이를 관철시킴 • 비전을 가지고 사람들을 활력적으로 이끌어감

단단한 삶으로 이끄는 성공 법칙

⑤ 에니어그램의 9가지 성격 유형

사람들이 느끼고 생각하고 행동하는 유형을 9가지로 분류할 수 있으며, 이 중 하나의 유형을 타고난다고 설명하는 행동 과학이다. '에니어그램Enneagram'이란 말은 그리스어의 '아홉ennea'이란 단어와 '모형gram'이란 단어의 조합이며, 기원전 2500년경부터 중동 아시아에서 유래한 고대의 지혜로 알려져 있다. 에니어그램에는 9가지 유형이 있고 각각 독특한 사고방식, 감정, 행동을 표현하며, 서로 다른 발달 행로와 연결된다.

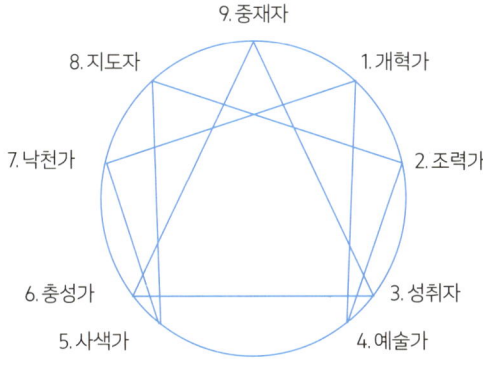

이상으로 소개한 성격 유형 분석법은 저마다의 특징과 실용적 가치가 있다. 이어서 내가 특별히 강조하고 싶은 '4-D 시스템'을 소개하고자 한다. 이는 간단하면서도 이해하기 쉽고 매우 실용적이기 때문에 개인은 물론 팀에게도 적용이 용이하다.

먼저 '4-D'를 통한 정확한 포지셔닝이 필요하다

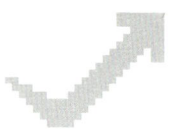

천체물리학 박사 찰스 펠러린은 미 항공 우주국^{NASA}에서 천체물리학 본부장으로 근무했다. 그는 NASA에서 근무하는 동안 12개의 인공위성을 만들고 발사했으며 허블망원경을 수리하는 프로젝트를 수행하는 과정에서 두 번의 NASA 우수 리더십 상을 받았다. 1995년, NASA를 은퇴한 후에는 콜로라도 대학교 경영대학원 리더십 교수를 역임하면서 간결하면서도 과학적인 '4-D^{Four-Dimensional} 시스템'을 개발했다.

2011년, 뇌 과학 국제 코칭의 권위자 메릴린 박사가 중국에 이 시스템을 도입한 이후 베이징 대학 연구팀의 실험과 검증을 거쳐 더욱 간결하면서도 효율적이고 실용적인 방법으로 거듭났고, 현재는 개인 및 팀 코칭에 두루 활용되고 있다. 여러분도 다음의 표를 보며 자신에게 해당하는 칸에 체크해 보길 바란다.

4-D 성격 유형 테스트

첫 번째는 의사를 결정하는 방식의 경향성을 알아보는 테스트다. 지문을 읽어 보고 감정형에 해당하면 왼쪽에, 사고형에 해당하면 오른쪽에 체크해 보자. 지문을 반복적으로 읽어 보며 생각하지 말고 바로바로 떠오르는 생각에 따라 체크해야 결과의 정확성을 높일 수 있다. 잘 모르겠다면 당신의 어린 시절을 생각하며 당시에 어떻게 행동했는지 떠올려 보자. 그래도 잘 모르겠다면 가족이나 친한 친구, 동료 등에게 물어보는 것도 좋은 방법이다.

총 7개의 문항을 모두 풀어 본 뒤 어떤 쪽에 더 많이 체크했는지 살펴보자. 왼쪽이 많다면 감정형, 오른쪽이 많다면 사고형에 해당한다.

[의사를 결정하는 방식]

감정형	선택	사고형
1. 조화로움을 매우 중시한다		1. 조화로움은 목표를 달성하기 위한 수단이다
2. 감정이 끌리는 대로 일을 처리하는 편이다		2. 일을 처리할 때 '이것이 합리적인가'를 먼저 생각한다
3. 항상 사람을 먼저 생각한다		3. 항상 일을 먼저 생각한다
4. 조화로운 관계를 추구한다		4. 옳은 일을 추구한다
5. 공감대를 형성한 뒤에 의사결정을 한다		5. 내 생각과 판단에 따라 의사결정을 한다
6. 이성보다 감정을 믿는 편이다		6. 감정보다 이성을 믿는 편이다
7. 관계 속의 충돌과 대립을 받아들이기 힘들다		7. 관계 속의 충돌과 대립을 수용할 수 있다
합계		합계

두 번째 테스트 역시 총 7개 문항으로 구성되어 있으며 방법은 동일하다. 왼쪽이 더 많이 나오면 직관을 근거로 정보를 획득하는 직관형, 오른쪽이 더 많이 나오면 감각을 근거로 정보를 획득하는 감각형에 해당한다.

[정보를 인식하는 방식]

직관형	선택	감각형
1. 나의 직감을 믿는 편이다		1. 내가 관찰한 사실을 믿는 편이다
2. 미래지향적이다		2. 실제적이고 현실적이다
3. 창의적이다		3. 상식적이다
4. 번뜩이는 생각을 따르는 편이다		4. 자세한 분석과 결과를 따르는 편이다
5. 본질적인 개념, 사물이나 사건 뒤에 감추어진 의미 등을 연구하는 걸 좋아한다		5. 구체적인 사실과 데이터를 분석하는 걸 좋아한다
6. 부분보다는 전체에 집중한다		6. 디테일한 부분에 집중한다
7. 미래의 계획을 세우고 비전을 제시한다		7. 현재를 중시하고 확실한 사실을 따른다
합계		합계

위의 두 테스트를 마쳤다면 다음의 도표를 보며 나는 어떤 색에 해당하는지 알아보자.

칼 구스타브 융은 의사를 결정하고 정보를 인식하는 방면에서의 경향은 '천성'이라고 말했다. 천성이란 말 그대로 태어날 때부터 타고나는 것으로, 모든 사람은 천성적으로 감정이나 사고 중에서 자신에게 더 편한 쪽을 근거로 의사를 결정하고 성격을 형성하게 된다는 것이 그의 주장이다. 즉, 천성적으로 사실과 이성, 규칙 등을

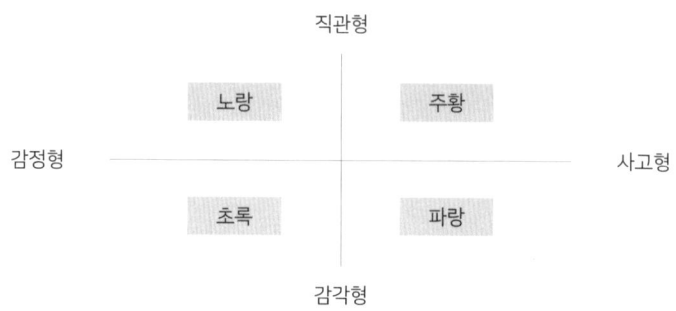

근거로 결정을 내리는 사고형이 있는가 하면, 감각과 감정을 근거로 의사를 결정하는 감정형이 있다. 마찬가지로 정보를 인식하는 과정에서 구체적인 사실이나 사건보다는 소위 말하는 육감이나 영감에 의존하여 그 이면에 감추어져 있는 의미, 가능성을 보고자 하는 직관형이 있는가 하면, 자신이 관찰한 사실에 의존하여 세부적인 정보를 받아들이는 감각형이 있다.

다음의 내용을 보며 위 도표 속의 색깔이 각각 어떤 의미와 특징을 지니는지 함께 살펴보자.

• 초록: 따뜻한 이상가

다른 사람의 수요와 필요에 관심이 많다. 사람들을 도와주고 봉사하는 걸 좋아하며 타인에게 상처나 피해를 주지 않는 성공을 추구한다. 이상주의자가 많은 편으로 마음이 뜨겁고 자애심이 넘쳐

나며 타인의 감정에 충분히 공감한다. 숭고한 가치관과 목표를 지녔다. 단, 종종 예민해지거나 감정적으로 변하기 쉽고 가끔 피해 의식에 빠져 남을 원망하고 비난하기도 한다. 때로 현실과는 거리감이 있는 이상을 꿈꾼다.

• 노랑: 열정적인 중재자

넓은 마음을 지닌 유형으로 동정심이 많고 타인을 신뢰하며 우호적이고 협력적인 관계를 선호한다. 보통 많은 사람에게 받아들이기 힘든 일도 그들에게는 수용 가능하다. 조화로운 관계를 중시하기 때문에 관계 속의 충돌이나 대립을 두려워한다. 누군가와 함께하고 있다는 느낌을 중시하며 본인이 속한 팀을 소중히 여긴다. 가장 큰 장점은 포용성이지만 가장 큰 단점 역시 과도한 관용과 포용으로 때로는 그러지 않아도 될 일까지 품어 주려 애쓴다. 상황에 따라 원칙이나 입장이 없는 우유부단한 모습으로 보일 수 있으며, 과도하게 타인에게 복종하거나 자기 생각을 억압하는 모습으로 비치기도 한나.

• 파랑: 독창적인 혁신가

과감한 생각이나 기발한 아이디어를 중시하며 보통의 사람들보다 새로운 구상이나 아이디어를 내는 속도가 빠르다. 혁신적이고 스마트하며 상황이나 데이터 분석에 탁월하고 효율을 추구한다는 점이 최대 장점이다. 그러나 포용성이 다소 떨어져 때로는 까다롭고 논쟁을 좋아하는 사람으로 비치기도 한다. 완벽주의를 추구하기 때문에 어떤 일을 할 때 쉽게 만족하지 못한다. 다른 사람의 감정을 잘 고려하지 않고 권위에 복종하지 않기 때문에 의도치 않게 사람들에게 상처를 주기도 한다.

• 주황: 완벽주의를 추구하는 지도자

임무를 끝까지 잘 완수하는 걸 매우 중시하며 프로세스와 정확성을 중요하게 생각한다. 책임감이 강하고 순서에 입각해 일을 처리하며 계획적인 일을 좋아하고 규칙과 규율을 엄격하게 지킨다. 프로세스에 따라 맡은 일을 정해진 시간 안에 성공적으로 완수하는 게 가장 큰 장점이지만 비난과 원망을 잘한다는 게 가장 큰 단점이다. 다소 보수적인 경향이 있으며 상황을 통제하고자 하는 욕구가 강하고 다른 사람의 감정을 세심하게 살피지 않는 편이다. 기준이 높고 요구 사항이 많은 편이라 타인에 불만을 느끼기 쉽다.

이상의 4가지 기본적인 특징을 토대로 사람을 관찰하다 보면, 모든 사람은 정말 다 다르다는 사실과 우리 사회는 서로 다른 색깔의 사람들이 모여 조화를 이뤄야 한다는 점을 깨닫게 된다. 만일 자신

단단한 삶으로 이끄는 성공 법칙

이 어떤 색깔에 해당하는지 정확히 이해하고 있다면 진로나 직업을 선택할 때 한결 더 쉬워질 수 있다.

각각의 색깔에 따라 잘 맞는 직업이 다르므로 어떤 일은 너무나도 수월하게 느껴지고 성과도 잘 나오지만, 어떤 일은 너무 고되게 느껴지고 성과도 내기 어렵다. 그렇다면 색깔별로 어울리는 진로는 어떤 것이 있을까?

[천성별 잘 맞는 진로 방향]

색깔	관련 진로	특징
초록	대인 관계를 다루는 업계	타인의 감정과 생각에 관심이 많고 관계에 매우 충실함
노랑	팀을 관리하고 이끄는 리더	팀을 조화롭게 유지하고 까다로운 사람과도 잘 협력함
파랑	혁신을 이끄는 관련 업계	번뜩이는 아이디어가 풍부하며 탁월성을 추구함
주황	관리 및 감독, 법률 제정 등 관련	규율과 제도를 준수하며 프로세스를 엄격히 준수함

각각의 색에 해당하는 사람들이 자기에게 잘 맞는 진로를 찾아가면 훌륭한 성과를 내지만, 자리를 잘못 찾아가면 쉽게 피로를 느끼고 스트레스에 시달린다. 특히 자신과 대각선에 있는 색에 들어가 있을 때 그 현상이 더욱 심하다. 예를 들어 초록에 해당하는 사람에겐 관리 감독이나 제품 품질 검사 등 디테일한 관리 업무가 맞지 않

는다. 또 갈등이나 마찰을 정리하고 해결하는 일을 맡게 되면 특별히 스트레스가 심한데 그 이유는 그들의 경우 본능적으로 다른 사람의 감정과 느낌에 매우 예민하기 때문이다. 하지만 주황에 해당하는 사람들은 이런 방면에서 탁월한 능력을 보이는데 그들에게는 사람의 감정이나 느낌보다는 규칙과 규율이 중요해서 원리 원칙에 따라 일을 처리할 수 있기 때문이다. 반대로 주황에 해당하는 사람들에게 다른 사람의 감정을 세밀하게 다루는 일을 맡기면 일을 그르치기 쉽다.

파랑과 대각선에 있는 색은 노랑이다. 파랑은 번뜩이는 아이디어가 충만한 타입으로 혁신과 탁월성을 추구하는 경향이 있다. 그런 그들이 사람의 마음이나 감정을 섬세하게 보살피거나 단순하게 반복되는 일을 맡으면 효율을 기대하기 어렵다. 반대로 노랑에 해당하는 사람들에게 혁신적인 아이디어를 요구하거나 사람 간에 충돌 혹은 대립이 있을 수 있는 일을 시키면 쉽게 좌절할 수 있다. 그건 그들에게 너무 어렵고 힘든 일이기 때문이다.

그러므로 노력하는 것보다 더 중요한 것은 정확한 '포지셔닝', 즉 자신의 위치를 명확히 알고 이해하는 것이다. 사실 그것만 해도 벌써 성공을 향해 큰 한 걸음을 내디딘 것과 같다.

당신은 어떤 색의 사람인가? 당신에게는 어떤 종류의 일이 어울리는가?

  '4-D 테스트'가 당신의 직업과 업계 선택, 인생의 비전과 계획을 세우는 데 도움이 되길 진심으로 바란다.

운명을 움직이는 방향 전환

2012년 7월 19일, 미국 테네시주 멤피스에 있는 세인트 주드 아동 연구 병원을 방문했을 때 우연히 그곳에서 오랫동안 일했다는 한 직원에게 병원 설립에 관한 이야기를 들었다. 당시 이야기를 들으며 느꼈던 감동이 아직도 생생하다.

성공을 꿈꾸던 레바논 청년이 있었다. 그러나 그는 성공하려면 대체 무엇을 해야 하는지, 어떤 방향으로 나아가야 하는지 알지 못해 깊은 시련에 빠져 있었다. 그는 만일 본인이 꿈을 꿀 수 있다면, 그리고 그 꿈을 이룰 수만 있다면 훗날 예수 그리스도의 열두 제자 중 한 명이었던 성 바울의 이름을 딴 '세인트 교회'를 짓겠다고 하나님께 기도했다.

시간이 흐르고 어느 날, 목사님과 대화를 나누던 중 그는 목사님으로부터 연예계에 들어가 코미디언으로 일해 보는 것이 좋겠다는 말을 들었고, 몇 년 뒤 정말 유명한 코미디언으로 거듭났다. 그가 바로 할리우드의 스타 코미디언 대니 토머스다.

토머스는 성공한 후 대화를 나눴던 목사님을 찾아가 과거에 자신이 하나님께 기도하며 약속했던 사실을 이야기했다. 그런데 목사님은 조금 다른 이야기를 했다.

"정말 귀한 결정을 하셨군요. 그러나 여기에는 교회보다 아동 병원이 훨씬 더 필요합니다. 많은 아이가 암을 비롯한 희귀 난치병을 앓고 있지만 치료받을 기회조차 얻지 못해 어린 나이에 삶을 마감하고 있습니다. 인생의 꽃을 채 피우지도 못하고 그렇게 어린 나이에 떠나는 것이 안타깝기만 합니다. 돈이 없더라도 모든 아이는 치료받을 권리가 있습니다. 세상 어느 누구도 그렇게 어린 나이에 생명을 잃어서는 안 됩니다…"

그는 목사님과의 깊은 대화 끝에 병원을 설립하기로 결정했다.

1995년부터 토머스는 병원 건립을 위한 모금 활동을 시작했지만, 이는 교회를 짓는 일보다 훨씬 더 어려웠다. 특히 높은 수준의 병원을 지으려면 어마어마한 자금과 인력이 필요했기 때문에 그 많은 양의 자원을 모으는 일은 생각처럼 쉽지 않았다. 하지만 그는 어려운 상황에서도 끝까지 포기하지 않았고 계속 노력했다. 지성이면 감천이라고 했던가. 1962년, 마침내 세인트 주드 아동 연구 병원이 성공적으로 문을 열었다.

이 병원은 진정한 의미의 자선 기구로 아동의 모든 치료 과정을 전부 무료로 해결해 줄 뿐 아니라, 숙식은 물론 환아와 보호자의 비행기 티켓까지도 구매해 주어 아이들이 보호자와 함께 치료의 전 과정을 함께 할 수 있게 배려한다. 덕분에 미국 전역의 아동은 물론 수천만 명의 전 세계 아동들이 이곳에서 치료를 받을 수 있었다. 또한 병원에서는 해마다 6~7백

편의 세계적인 논문을 발표하는데 이 성과에 대해 개인적으로 특허를 신청하지 않아 최신 연구 결과를 세계 의학계와 무상으로 공유한다.

현재 이 병원은 글로벌 최고 권위의 아동 암 연구 기관으로 자리 잡았으며, 미국의 모든 인플루엔자 바이러스를 이곳에서 연구할 정도로 세계적으로 가장 유명한 유행성 인플루엔자의 연구 센터로도 이름을 알리고 있다. 이곳은 박사 이상급의 연구진이 2천여 명이 속한, 미국의 국립암연구소NCI가 지정한 최고 기관이자 유일한 아동 암 치료 종합 연구 센터이기도 하다.

특별히 이곳에는 세계적으로 가장 방대한 양의 아동 암 관련 데이터베이스를 보유하고 있으며 인공지능 기반의 3D MRI 촬영이나 방사선 치료, 화학 치료 등과 관련한 최첨단 설비를 갖추고 있어 보호자들은 아이의 치료 과정을 처음부터 끝까지 영상으로 볼 수 있다.

현재 매년 5,400여 명의 아이들이 이곳에서 치료를 받고 있으며 완치율은 설립 당시의 5%에서 현재 80% 이상까지 뛰어올랐다. 또한 세인트 주드 아동 연구 병원이 사회적 기여도를 인정받자 설립자 토머스는 미국의 로널드 레이건 전 대통령으로부터 미국 의회 명예 훈장을 수여받았다. 세인트 주드 아동 연구 병원은 2011년 미국 전역에 걸쳐 임직원들에게 가장 사랑받는 직장으로 꼽히기도 했다.

토머스는 목사님의 조언에 따라 교회 대신 병원을 설립했지만, 그 공로는 100개의 교회를 훨씬 뛰어넘는 수준일 것이라 감히 장담한다.

이 일화는 '포지셔닝'이 한 사람의 인생에 얼마나 중요한지 잘 알려 준다. 한 번의 선택이 한 사람의 운명을 결정하며 올바른 진로 선택은 인생을 성공의 길목으로 인도한다.

이미 지나간 과거에 연연하지 말자. 중요한 건 지금이다. 끝으로 어디선가 읽었던 시 한 편을 여러분과 나누고 싶다.

> 어제로 돌아갈 수 있는 사람은 없습니다
> 어제는 다시 오지 않아요
> 내일을 앞당겨 시작할 수 있는 사람도 없습니다
> 내일이 오기 전에
> 우리에게 남아 있는 유일한 것은
> 바로 오늘입니다
> 그러니 오늘, 지금을 더욱 찬란하게 살아 내세요!

삶은 방향에서 시작된다

앞에서 우리는 '나는 누구인가?', '내가 하고 싶은 건 뭘까?'에 관해 생각해 보는 시간을 보냈다. 그리고 나의 천부적 재능은 무엇이며 나는 어떤 기질의 사람인지를 알아보고 앞으로의 진로와 인생의 방향을 설정하는 방법에 관해 알아보았다.

우리는 모두 자기에게 맞는 인생의 길을 걸어가야 한다. 그러나 우리 앞에는 수많은 갈래의 길이 펼쳐져 있기 때문에 때로는 어디로 가야 할지 몰라 망설이고 슬퍼한다. 하지만 우리가 알아야 할 것이 있다.

세상은 공평하다. 하나님은 세상의 모든 사람을 다르게 만드셨다. 모든 사람은 각자의 특징과 개성, 재능을 가졌다. 다른 사람의 삶을 보면서 마냥 부러워하고 시기하는 건 어리석은 행동이다. 나의 장점을 발견하기 위해 노력하고 내게 잘 맞는 인생의 방향을 찾아보자. 방향만 맞으면 아무리 먼 길이라도 끝내는 도착하게 된다.

앞으로 남은 당신의 인생에서 오늘이 가장 젊은 날이다. 더는 미루지 말자. 자신에게 맞는 인생의 길을 찾아 다시 그 여정을 시작해 보자.

나만의 길을 세우는
여덟 가지 전략

PART 3

흔들릴 때
인생은
다시 설계된다

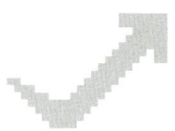

현대인들은 평소 밥 한 끼 제대로 먹을 시간조차 없을 정도로 바쁘게 살아간다. 언제나 시간이 없다면서 발을 동동 구르는데 아이러니하게도 할 일은 점점 더 늘어나는 형국이다. 그런데다 늘 에너지를 최대한으로 쏟아붓기 때문에 만성 피로를 호소한다. 더욱 의아한 것은 막상 휴식 시간이 주어지면 어찌할 바를 몰라서 우왕좌왕한다. 그렇게 쉬고 싶어 했는데도 그 여유를 어떻게 즐겨야 할지 모르는 것이다. 그러고는 결국 이런 고민에 빠져든다.

'나는 대체 뭘 위해서 그렇게 열심히 살았을까? 난 지금 어디로 가고 있는 거지?'

단단한 삶으로 이끄는 성공 법칙

어릴 때부터 똑똑한 아이가 있었다. 학업 성적이 뛰어나 부모에게는 물론 주변 이웃과 친구들에게도 늘 자랑거리였다. 한 번도 주변 사람을 실망시킨 적이 없던 그는 모두가 알아주는 명문 대학에 순조롭게 입학했다. 그런데 문제가 하나 있었다. 공부는 잘했지만, 유난히 내성적이었던 그는 무리 속에 잘 섞이지 못했고 사람들과 대화도 잘 나누지 못했다. 특히 부모님의 전폭적인 지원을 받아 오로지 공부에만 몰두했던 탓에 공부 빼고는 할 줄 아는 게 아무것도 없었다. 살면서 세탁기 한 번 돌려 본 적 없는 그였다.

대학에 진학한 이후에도 그에게 가장 중요한 우선순위는 공부였다. 모든 과목에서 뛰어난 성적을 받은 덕분에 학과 장학금은 늘 그의 차지였다. 다른 친구들은 수업이 끝난 뒤에 파트 타임으로 일하며 학비를 마련하거나 연애 혹은 동아리 활동을 하며 청춘을 즐겼지만, 그는 시간이 나면 무조건 도서관 아니면 기숙사로 향했다. 그는 열심히 공부하는 것만이 가장 빨리 출세할 수 있는 길이라고 생각했다. 그렇지만 사실은 무엇을 위해 그렇게 열심히 공부하는지, 지금 자신의 인생은 어떤 방향으로 흘러가고 있는지에 관해서는 진지하게 고민해 본 적이 없었다.

대학 졸업을 앞두고 동기생들은 하나씩 제 갈 길을 찾아갔다. 회사에 취직하거나 본인이 하고 싶은 일을 했다. 그러나 사회 경험이 없는 데다 소통 능력도 부족했던 그는 쉽게 일자리를 찾지 못했다. 살면서 처음으로 맛본 좌절이었다. 자신의 인생을 점검차 돌아보던 그는 본인이 공부를 덜 해서 그런 것이라는 결론을 내리고 석사에 이어 박사 공부에 들어갔다. 박사 공부를 하는 동안 몇 차례 대학교 동창 모임에 참석한 적이 있었다. 대다수는 결혼해서 아이가 있었고 커리어도 차근차근 쌓아 나갔다. 심지어 대학 시절 공부에는 영 소질이 없었던 한 친구가 지금은 잘나가는 사업가로 이름을 알리기도 했다. 모두 자기만의 장점과 특기를 잘 살려서 진로를 결정한 덕분이었다.

그는 그제야 비로소 자기를 직면하기 시작했다. 그리고 지난 세월 자신이 걸어온 길을 돌아보았다. 늘 남들의 칭찬을 받으며 사는 것에 익숙했던 탓이었을까. 돌연 그는 자신이 한낱 보잘것없는, 이 세상에 아무런 쓸모없는 존재라는 생각이 들기 시작했다. 손을 뻗어 보았지만, 잡히는 건 아무것도 없었다. 결국 박사 학위 취득을 한 달 앞두고, 그는 기숙사 8층에서 뛰어내려 삶을 마감했다.

똑똑하고 근면하고 성실했던 그였으므로 조금만 더 버티면 창창한 앞날이 펼쳐졌을 것이다. 그러나 그는 돌연 길을 잃었고 결국 돌이킬 수 없는 선택을 했다.

학창 시절에 열심히 공부하는 게 잘못되었다는 말이 아니다. 그

건 오히려 대견하고 훌륭한 일이다. 문제는 자신이 그렇게 열심히 공부하는 이유가 무엇인지, 공부를 통해 최종적으로 어떤 목표에 도달하고 싶은지에 관해 생각해 보지 않았다는 점이다. 다시 말해 본인의 인생을 스스로 그려 보고 계획하지 않았다.

버락 오바마 전 미국 대통령은 역대 미국 대통령 중 최초이자 현재까지 유일한 흑인 대통령이며 어린 시절을 아시아에서 보낸 인물이다. 2009년 10월 9일, 그는 노벨 평화상을 수상하기도 했다.

그런 그도 늘 꽃길만 걸었던 건 아니다. 그는 어린 시절 피부색이 다르다는 이유로 사회에서 인정받지 못하고 늘 차별 대우를 받았다. 그는 한때 세상에 태어난 이유를 찾지 못한 채 방황하며 대마초에 빠져 지내기도 했다. 집은 너무 가난했고, 앞은 보이지 않았다. 성공할 수 있다면 아무리 험한 길이라도 가고 싶었지만, 그 길목조차 찾을 수가 없었다. 그래서 학교를 빠지거나 마약을 하거나 여자를 꼬시는 등 지금 생각하면 후회되는 행동을 수시로 저질렀다. 그는 사회가 말하는 영락없는 '문제아'였고 대마초와 코카인으로 자신의 존재 의미를 찾으려 했다.

하지만 그런 그를 포기하지 않고 선한 길로 이끌어 준 사람이 있었다. 바로 외할머니와 외할아버지, 그리고 흑인 출신 시인이자 기자이면서 사회운동가로 활동했던 데이비스였다. 그들의 선한 영향으로 그는 조금씩 악의 구렁텅이에서 벗어나 자기 인생을 설계하기 시작했다.

인생의 성공은 올바른 계획과 설계에서 비롯된다. 다시 말해 우리의 인생은 계획을 통해 더 빛날 수 있다. 인생을 잘 계획하면 긍정적인 에너지와 자원을 얻어 꿈을 이루는 데 사용할 수 있다. 하지만 그렇지 않은 사람은 결국 다른 사람이 정해 준 길을 따라 그들이 원하는 삶을 살아갈 수밖에 없다.

꿈이 있는 사람은 반드시 자신의 인생을 돌아보고 앞날을 계획한다. 그렇다면 인생 설계는 어떻게 하면 좋을까? 이어지는 내용을 보며 함께 생각해 보자.

단단한 삶으로 이끄는 성공 법칙

삶의 토대를
세우는
네 가지 영역

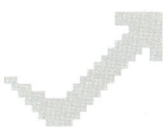

인생을 잘 계획하려면 어떻게 해야 할까? 쉬운 이해를 돕기 위해 인생을 네 가지 단면으로 쪼개 '사분면'으로 설명하고자 한다. 지금보다 행복한 인생을 살기 위해 우리는 다음과 같은 네 가지 측면에서 인생을 돌아보고 계획할 필요가 있다.

제1사분면: 나

세상에 태어난 모든 사람은 존귀하다. 그리고 그들에게 가장 중요한 건 나 자신이다. 나조차 제대로 사랑하지 못하는 사람에게는 그 무엇도 도움이 되지 않는다.

2010년 1월부터 2011년 7월, 19개월 동안 총 19명의 유명 인사가 유명을 달리했다는 기사를 읽은 적이 있다. 그중에는 아주 젊은 사람도 있었다. 사업적으로 성공한 사람도 있었고, 세계적인 업적을 남긴 사람도 있었지만, 불의의 사고로 세상을 떠난 사람도 있었다. 우리의 삶은 유한하며 언제 끝날지는 아무도 모른다. 삶이 끝난 다음 후회한들 아무런 소용이 없다. 사분면 가운데 가장 첫 번째 요소이자 가장 중요한 요소는 바로 '나 자신'이 되어야 한다.

제2사분면: 가정

우리가 이 세상에 태어나 지금까지 성장할 수 있었던 이유는 부모님이 계시기 때문이다. 부모님의 사랑의 결실로 태어나 잘 먹고 잘 자며 보살핌을 받았기 때문에 조금씩 자라나 지금의 모습으로 성장할 수 있었다.

한 사람의 성장과 인생은 그가 속한 가정과 분리해서 생각할 수 없다. 우리는 내가 속한 나의 후손들을 책임지고 그들에게 공헌해야 할 의무가 있다. 가정과 분리된 사람은 뿌리를 내리지 못한 나무와도 같다.

제3사분면: 일 또는 사업

어른이 된 이후에도 생산적인 일을 하지 않는 사람은 여러 방면에서 제약을 받을 수밖에 없다. 심지어 기본적인 생존조차 어려움

단단한 삶으로 이끄는 성공 법칙

을 겪는다. 경제적인 활동은 우리가 삶을 영유하는 기본적이고 기초적인 요소다. 이 부분에서 성과가 높을수록 주변 사람과 사회를 위해 더 많이 기여할 수 있다.

제4사분면: 사회

행복한 삶을 위해서는 개인과 가정, 일은 물론 사회 환경도 중요하다. 개인의 발전을 포함한 인류의 발전은 사회 환경과 밀접한 연관이 있기 때문이다. 우리 주변에 어떤 사람들이 있고 그들과 어떤 사회적 관계를 맺느냐에 따라 인생은 생각지도 못한 변화를 맞게 된다.

'2006년 중국인을 가장 감동시킨 인물' 중에는 에카르트 뢰베라는 독일인이 포함되었다. 그는 10여 년 동안 중국 산골 마을에서 돈을 벌기 위해 도시로 떠난 부모와 떨어져 사는 아이들을 무상으로 가르치며 교육에 대한 본인의 꿈을 실행한 사람이다. 현지인들에게 무시와 비난을 받던 '외국 놈'에서 아이들에게 사랑과 존경을 받는 '초통령'이 되기까지 그가 쏟은 열정과 노력, 고생의 스토리는 많은 사람을 감동시켰다. 그리고 그를 통해 많은 아이가 인생의 변화를 맞이할 수 있었다. 만약 이 아이들에게 에카르트 뢰베가 없었더라면 어떤 인생이 주어졌을지는 굳이 깊이 생각하지 않아도 알 수 있는 일이다.

가족을 위해 헌신하는 사람은 가족을 후손으로 남긴다.

학생을 위해 헌신하는 사람은 학생을 후손으로 남긴다.

인류를 위해 헌신하는 사람은 인류를 후손으로 남긴다.

우리 인생의 '사분면'에는 나 개인과 가정, 일과 사업 그리고 사회가 포함된다. 이 네 가지 기준을 근거로 인생을 계획하면 이전과는 전혀 다른 새로운 인생의 궤도에 들어갈 수 있을 것이다.

단단한 삶으로 이끄는 성공 법칙

확인해 봅시다!

이제 당신 차례다. 앞에서 읽은 내용을 바탕으로 당신만의 인생 계획을 설계해 보도록 하자.

1. 태블릿 PC나 빈 종이, 혹은 쓸 수 있는 무언가를 준비한 뒤 왼쪽 상단에 이렇게 적어 보자.

나는 _____, _____, _____ 한/는 사람이다.

2. 위와 같은 사람이 되기 위해 당신이 인생을 살면서 꼭 해야 할 8가지는 무엇일까?

①

②

③

④

⑤

⑥

⑦

⑧

3. 앞에서 생각한 8가지를 각각 한 단어로 정리해 아래 표에 써 보자.

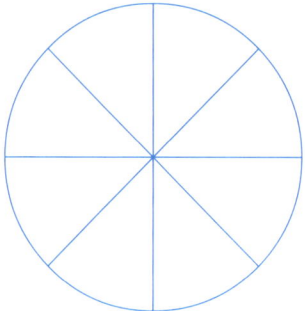

원하는 삶으로 이끄는 인생 지도 만들기

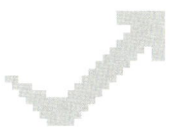

"선생님은 강의도 하시면서 사업체도 운영하시고 자원봉사도 하시잖아요. 사천 대지진 때는 현지에서 심리 상담사로 일하신 걸로 아는데 어떻게 그 많은 일을 한꺼번에 다 하시는 거예요? 일과 삶의 균형을 어떻게 맞춰나가시나요?"

주변 사람들에게 징말 많이 듣는 질문 중 하나다. 그런데 사실 이 모든 건 내가 세운 인생의 계획에 포함되어 있다. 다시 말해 나는 내가 생각하는 '인생에서 집중해야 할 8가지'를 실천하며 사는 것뿐이다.

내가 중요하게 생각하는 인생의 8가지는 무엇일까? 이번 장에서는 이 8가지를 여러분과 함께 나눠 보고자 한다. 앞서 소개한 것처럼 내 인생의 주요 기조는 성공, 행복, 사랑 세 가지다. 그런데 어떻게 살아야 비로소 성공한 인생일까? 어떻게 해야만 행복과 사랑이 넘치는 삶을 살 수 있을까? 그걸 위해 나는 뭘 해야 할까?

여러분이 앞에서 작성한 것과 같은 동그란 룰렛을 그려 놓고 여덟 부분으로 나누어 써 본다면 나의 8가지는 다음과 같다.

1	일류 강사	브랜드 가치를 지닌 일류 강사가 되어 사람들의 건강한 성장을 돕고 사랑을 나눠주기
2	참된 리더	진정한 코치형 리더가 되어 팀을 이끌고 가르쳐, 내가 없더라도 계속해서 성장할 수 있도록 조력하기
3	작가	세상을 떠난 뒤에도 후손들에게 유용한 정보를 주는 책 10권 출간하기
4	행복한 가정	부모님, 아내, 아이들과 시간을 많이 보내면서 그들에게 더 많은 행복과 즐거움 선물하기
5	희망학교 짓기	가난한 아이들에게 무상 교육을 지원해 꿈을 꿀 수 있게 도와주기
6	'3천 제자' 양성	나의 교육 이념과 우리 팀의 커리큘럼을 널리 '전파'해서 더 많은 사람에게 도움을 주고, 그들이 사회에 기여할 수 있게 만들기
7	골프 & 세계 여행	지속적인 운동으로 몸과 마음 건강하게 유지하기 세계 방방곡곡을 여행하며 1만 권 독서하기
8	조용하고 자유로운 생활	조용하면서도 자유롭게 활동할 수 있는 나만의 공간을 하나쯤 만들어, 그 어떤 것에도 구속받지 않는 쉼을 누리기

이렇게 8가지를 하나씩 구체적으로 나열하고 보니 내가 뭘 하고

단단한 삶으로 이끄는 성공 법칙

싶은지, 뭘 원하는지 더 명확히 보였다. 만약 살면서 이 8가지를 다 할 수 있다면 나는 그야말로 행복과 사랑이 넘치는, 성공한 삶을 살아낸 것일 테다. 그런 생각을 하자 가슴이 벅차올랐다. 진정한 삶의 목적과 의미를 찾은 듯했고 진정한 나를 찾은 것 같아 기쁨이 샘솟았다.

분명히 여러분도 그 8가지를 찾아내고 정리하고 나면 나와 같은 느낌을 받을 수 있을 것이다. 그런데 이 과정에서 유념해야 할 몇 가지가 있다.

① '8가지'는 실질적인 의미의 숫자나 데이터가 아니다

많은 사람이 "왜 하필 8가지야?"라는 의문을 품을 수 있다. 여기서 정확히 설명하고 싶은 것은 꼭 8가지여야 한다는 건 아니다. 그보다는 앞에서 언급했던 '사분면'의 개념에 따라 한 가지에 치우치지 않게 균형을 맞추어 정리하는 것이 더 중요하다. 그러니 꼭 8가지가 아니라 3가지나 7가지, 혹은 11가지여도 상관없다. 다시 말하지만 중요한 건 '사분면' 안에서 균형을 잡는 것이다.

② 나의 '8가지'와 당신의 '8가지'는 다를 수 있다

모든 사람은 자신만의 인생을 산다. 그러므로 지금 나의 실제 상황에 맞춰 생각해 보자. 나만의 8가지를 찾아내야만 의미가 있다.

다른 사람의 것을 맹목적으로 베끼거나 따라 하는 건 아무런 도움이 되지 않는다. 8가지를 작성하면서 얼굴에 미소가 떠나지 않는다면 그것이 바로 나의 인생을 즐기기 위한 목록이 된다.

③ 사분면은 균형을 맞추는 기준이다

이 책에서 '8가지'를 통해 살펴보는 인생의 계획은 개인과 가정, 일, 사회 같은 4가지 각도, 즉 '사분면'을 기준으로 한다. 서양의 유명 코칭 수업이나 커리큘럼에서는 이 방법이 매우 효과적으로 사용되고 있다.

사실 '사분면'의 개념은 고대 중국 사회에서도 사용된 바 있다. '수신修身, 제가齊家, 치국治國, 평천하平天下'가 바로 그것이다. 인생의 8가지 계획 속에 이 네 개의 개념이 들어간다면 끝내 당신이 이루고자 하는 인생의 목표에 99%는 도달할 수 있을 것이다. 또한 이는 당신이 일과 개인, 가정 사이에서 균형을 잘 맞추는 데 효과적인 도움을 줄 것이다.

④ 8가지 일과 경제력은 무관하다

예전에 한 친구와 나눴던 대화가 기억에 많이 남는다. 그는 한때 소위 '잘나가던' 사람이었다. 그런데 남부러울 것 없이 살았던 그가 한 번의 잘못된 선택으로 무려 10년에 달하는 징역형을 살아야만 했다. 함께 밥을 먹으면서 힘겨웠던 그의 지난날을 듣고, 나는 사람의 인생에는 세 가지 중요한 경지가 있다는 걸 깨달았다.

• 생존

말 그대로 목숨을 유지하고 호흡하는 삶의 상태를 말한다. 사전적으로 '살아 있음', '살아남음'을 의미하는 이 상태는 인간의 가장 기본적인 삶의 경지로 이 단계 없이는 다음 단계로 올라설 수 없다.

• 생활

일정한 환경에서 활동하며 살아가는 것을 가리키는 것으로 생존이라는 기본적인 요소 위에서 조금 더 많은 것을 추구하는 삶, 더 나은 삶을 추구하는 상태를 말한다. 단, 모든 사람은 환경에 적응하면 본능적으로 더 좋은 삶, 더 나은 삶을 살고자 한다. 결국 탐욕에 눈이 멀어 너무 많은 것을 손에 넣으려는 순간 진정한 자신을 잃어버리고 욕심의 노예로 전락하고 만다. 이런 경우 더 높은 삶의 경지로 나아갈 수 없다.

• 생명

가장 높은 삶의 경지다. 내가 진정으로 원하는 것, 내게 주어진 사명과 내가 이 세상에 존재하는 진정한 가치를 분명히 아는 것으로 자신이 가장 좋아하고 잘하며 의미 있는 일을 해 나가는 상태다. 인간이 살아서 숨 쉬고 활동할 수 있게 하는 힘이기도 하다. 이러한 경지에 오른 사람들은 자아실현을 위한 삶을 살면서도 과도한 욕심을 부리지 않는다. 매 순간 즐겁고 차분하며 정신적으로 여유롭고 안정적인 삶을 살아간다.

혹자는 물질적으로 풍요로운 조건이 충족되지 않으면 위에서 말하는 세 번째 삶의 경지, 생명의 상태를 실현할 수 없다고 지적하지만 내 생각은 다르다.

빌 게이츠는 소프트웨어를 통해 세상을 변화시켰고 무수한 사람들의 삶의 방식을 바꿔 놓았다. 그는 본인이 귀중하게 생각하는 가치를 실현했을 뿐 아니라 다른 사람의 생명에도 빛을 불어넣었다. 스티브 잡스는 '애플 왕국'으로 혁신적인 세상을 보여 주며 많은 사람들에게 문화적 충격과 기술적 편리함을 제공했다. 춘추 전국 시대의 장자는 이웃들에게 쌀을 빌어먹으며 평생 가난한 삶을 살았지만, 자신만의 '생명'을 살아 냈다. 아마 그의 삶을 가장 잘 표현할 수 있는 한마디는 '흐르는 물처럼 상황을 타고 노닌다'는 뜻의 '승물이유심乘物以遊心'일 것이다. 그 밖에도 그는 '샘물이 마른 곳에서 물고기들이 침을 뱉어 서로를 적셔 준다'는 뜻의 '상유이말相濡以沫'의 겸손하면서도 지혜 있는 가르침을 남겨 지금까지도 많은 사람에게 사랑과 존경을 받고 있다.

공자 역시 가난했지만, 제자들을 데리고 열국을 여행하며 가르침을 전했고 후대에 길이 남을 '정신적 유산'을 남겼다. 그는 지금까지도 중국을 비롯한 많은 국가에서 '성인'이라는 칭호를 받는다.

결국 정리해 보면, '생존'은 돈과 관련이 있지만 진정한 의미의 '나'로 살아가는 삶은 돈과 필연적인 연관이 있는 것은 아니다. 물론 돈이 많으면 자신만의 삶을 살 수 있지만 돈이 없다고 해서 불가능한 건 아니다. 물질적으로는 풍요롭지 않을지라도 끊임없이 자신을 수련하고 수양하며 성장을 거듭하면 세 번째 삶의 경지인 '생명'에 누구라도 들어갈 수 있다.

생명은 다른 누구도 아닌 나 자신의 것이다. 나의 생명, 나의 삶을 살아 내는 일은 오직 나만이 할 수 있으며, 그래야만 후회 없는 인생을 살 수 있다.

꽃이 만발한 화원에는 잡초가 보이지 않는다. 인생이라는 화원에서 우리는 늘 무언가를 하며 살아간다. 그 안에서 누군가는 자신이 하고 싶은 일을 즐겁게 하지만, 누군가는 하기 싫은 일을 피해 늘 도망자의 삶을 산다.

인생에서 집중해야 할 8가지를 정리하고 나면 내가 원하는 삶의 방향에 조금 더 포커스를 맞출 수 있을 것이다. 그 힘을 절대 우습

게 보지 마라. 3년 혹은 5년 뒤에 방향을 알맞게 설정한 사람과 그러지 못한 사람의 인생은 완전히 달라져 있을 테니!

불안을 딛고 일어서는 힘은 '지금'에서 온다

"지금 이것이 내가 정말 하고 싶은 일인가?"

"궁극적인 나의 목표는 무엇인가?"

"지금 나는 내가 원하는 최종 목적지를 향해 잘 가고 있는가?"

많은 사람이 이 질문에 대한 확신이 없어서 방황 속에서 시간을 허비한다. 그런데 지난 수십 년의 경험에 비춰 봤을 때 장담할 수 있는 한 가지는 최종적인 꿈을 단번에, 아주 쉽게 찾아내는 사람은 거의 없다는 사실이다. 그렇지만 지금 현재를, 매 순간 최선을 다해 열심히 살다 보면 언젠가는 반드시 최종 목적지에 도달할 수 있다. 설령 지금 당신의 꿈을 발견하지 못했을지라도, 지금 정말로 원하는 일을 하고 있지 않더라도 낙담하지 말자. 오늘을, 매 순간을, 지금 당장을 최선을 다해 살아 내다 보면 지금의 땀방울이 모여 훗날 당신의 꿈을 이루는 귀한 밑거름이 될 것이다.

늘 불안에 시달리며 어떠한 곳에서도 소속감을 느끼지 못하는 상태로는 행복하고 멋진 생활을 할 수 없다. 진정한 생명을 살아 내지 못하는 것은 물론이요, 생존조차 위태해질 수 있다. 단순히 생존을 유지하는 삶으로는 인생을 진정으로 누리지 못한다. 생존에만 매달리는 삶은 자신감을 빼앗

기고 오롯이 나에게 속한 인생을 조용히 돌아보지 못하게 되기 때문이다. 있는 그대로의 나를 수용하고 내게 주어진 삶을 의연하게 받아들이며, 지금 매 순간에 최선을 다하는 사람은 무슨 일이든 새롭게 시작할 수 있다. 새로운 일자리, 새로운 업계를 찾아가는 것쯤은 아무런 문제가 되지 않고 오히려 하면 할수록 좋아질 것이다. 그 모든 선택의 과정은 자신의 장점과 특기를 명확히 아는 기초 위에서 이뤄지며 시간이 갈수록 더 분명해지기 때문이다.

그러나 자신의 모습을 온전히 받아들이지 못한 채 방황하는 사람은 언젠가는 자기에게 더 좋은 기회가 올 거라는 막연한 기대를 안고 살아간다. 하지만 오랫동안 기다려도 아무런 결과를 얻지 못하거나 반복되는 이직과 변심으로 아무런 발전도 하지 못한 채 늘 제자리걸음만 하다가 끝날 수도 있다. 우리는 지금 우리에게 주어진 인생의 모든 순간을 사랑하고 수용해야 한다. 그것은 마치 커다란 바윗돌과 같아서 올바른 자리에 놓아주면 더 나은 인생을 위한 디딤돌이 될 수 있지만 그렇지 못하면 인생을 가로막는 걸림돌이 될 수 있다.

얼마 전, 칭하이 호수 지역에서 '행복한 인생'이라는 제목으로 연수를 진행한 적이 있다. 연수 기간에는 조별 미션을 수행했는데 규칙에 따라 가장 높은 점수를 받은 조가 최종 우승을 하는 게임이었다.

첫날에는 모든 팀이 의기양양했다. 저마다 1등은 자신들이라 큰소리쳤다. 그중에서도 A조가 여러모로 우수했는데, 팀워크는 물론 조원들의 개인적인 기량도 뛰어나서 사기가 충만했다. 자신감으로 보자면 1등은 따놓은 당상이었다.

과연 첫째 날부터 A조가 돋보이는 점수를 기록했고 이튿날도 앞서나갔다. 많은 팀이 1등은 그들의 차지라 생각했다. 그런데 연수 마지막 날 발표된 결과는 뜻밖이었다. A조가 꼴찌를 기록한 것이다. 게다가 점수도 확연히 뒤처졌다. 조원들은 모두 의아했다. 어디서부터 잘못되었을까? 대체 왜 이런 결과가 나왔을까? 우리는 다 함께 그 원인을 분석하는 시간을 보냈고 큰 깨달음을 얻었다.

연수가 시작된 지 이튿날 밤, 호수 주변 날씨가 갑자기 추워졌다. 그날은 외출해서 1시간 안으로 옷을 사서 돌아오는 미션이 있는 날이었다. 그런데 날씨 탓인지 그날따라 택시를 잡기가 너무 힘들었고, 그 결과 대다수가 약속 시간보다 늦게 교육장에 돌아왔다. 그중에서도 A조에 늦은 사람이 많았고 하필이면 조 리더가 가장 마지막에 도착해 무려 160점 감점을 당했다. 그로 인해 조별 점수에 큰 변화가 생겨 A조는 1등 자리를 빼앗겼다. 이것은 반전의 시작에 불과했다. 이때부터 A조 조원들 사이에서 서로를 질책하고 원망하는 소리가 나오기 시작했다. 셋째 날이 되자 다른 팀에서는 점수를 한 번에 많이 올릴 수 있는 기발한 아이디어를 찾아냈지만, A

조는 끝까지 이렇다 할 방법을 찾아내지 못한 채 미션을 마무리 지었다. 사실 몇몇 조원이 높은 점수를 받을 방법을 고안해 냈는데 실제로 받아들여지지 않았다. 결국 마지막 점수가 나온 뒤에 A조 조원들은 다른 팀과의 확연한 점수 차이를 보고 큰 충격에 휩싸였다.

나는 그들에게 강조했다. '행복한 인생'을 사는 비결은 바로 '현재를 살아 내는 것'이라고 말이다. 현재를 살아 내는 것이란 뭘까? 과거에 연연하지 않고, 현재를 누리며, 미래를 계획하는 삶, 그것이 바로 행복이다. A조가 패배의 쓴잔을 마신 이유는 지나간 한 번의 실패에 사로잡혀 낙담하고 질책하고 원망하느라 지금을 제대로 살아 내지 못했기 때문이다.

그들은 과거를 내려놓지 못했다. 그들이 능력이 없는 것도, 열정이 모자란 것도 아니었다. 다만 좌절을 만난 그 순간에 얽매여 자꾸만 감점받은 순간을 들먹이느라 전체적인 팀 사기가 떨어졌고, 그 결과 팀워크가 무너졌다.

두 번째로 앞을 보지 못했다. 그들이 원하는 게 무엇이었을까? 그들이 해 내고 싶은 게 무엇이었을까? 바로 1등이었다. 그렇지만 모두 자꾸만 감정적으로 예민해졌고 부정적인 에너지에 휩싸여서 애초에 다짐했던 그 목표, 1등을 해 보자는 약속을 잊어버리고 말았다. 그들은 자꾸만 다른 팀이 자신을 추월해 나가는 걸 보아야만 했고 계속 벌어지는 점수 차이를 보면서 조급해졌다. 그러자 소통이 막히기 시작했고 어려움을 타개할 방법을 같이 모색할 수 없었다. 사실 점수를 올리는 방법은 아주 간단했다. 게다

단단한 삶으로 이끄는 성공 법칙

가 팀원들은 지금 함께 머리를 맞대고 소통만 잘하면 어려움은 쉽게 넘어갈 수 있다는 걸 이성적으로는 잘 알고 있었다.

인생의 모든 과정은 배움이다. 이 연수를 통해 A조 조원들은 실패 속에서 많은 교훈을 얻었다. 특별히 팀의 리더들은 그 과정을 통해 평소 자신의 모습을 돌아볼 수 있었고 그동안 본인이 어떤 실수를 저질렀는지, 그리고 앞으로는 어떻게 행동해야 하는지 생각하는 시간을 보낼 수 있었다. 여러분도 간단하지만 중요한 이 사실을 기억했으면 한다.

행복은 현재를 살아 내는 것이다.
성공은 현재를 잘 살아 내는 사람에게 찾아온다.

속도를 늦추면 오늘이 달라진다

현대인들은 바쁘다. 늘 조급하고, 늘 피곤하며, 늘 시간이 없다. 그러다가 조금의 여유가 주어지면 생각한다. '대체 난 뭘 위해 이렇게 힘들게 사는 거지?' 그래서 잠깐 걸음을 멈추고 고개를 들어 보면 혼란에 빠진다. 지금 자신이 어디로 가는지 알지 못하기 때문이다.

이번 장에서 우리는 인생을 계획하는 기본적인 개념에 관해 알아보았다. 가장 핵심은 바로 '조급함을 버리고 명확한 인생의 계획을 설정해야 한다'는 점이다. 또한 우리는 '사분면'을 활용해 나 자신과 가정, 일과 사회라는 네 가지 분야에서 균형을 맞추면서 자신의 일상과 일, 개인과 팀, 현재와 미래의 관계를 8가지로 나눠서 구체적으로 생각해 보는 시간을 보냈다.
부디 이것이 여러분이 인생에서 집중해야 할 8가지를 찾아내고 앞으로의 인생 지도를 그리는 데 도움이 되었길 바란다.

꿈을 자유롭게
비상시켜라

PART 4

크게
이루려면
작게 시작하라

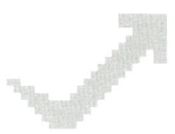

매번 새해가 되면 사람들은 이런저런 계획을 세우고 희망찬 1년을 기대한다. 그러나 며칠 지나지 않아 작심삼일로 흐지부지 마무리된다. 지금보다 더 어릴 때는 꿈이 많았던 사람도 시간이 지나면서 여러 이유로 포기하곤 한다. 목표를 이루지 못하는 이유는 대략 다음과 같다.

첫 번째는 현실을 전혀 고려하지 않고 목표를 너무 크게 세우기 때문이다. 이런 경우에는 그것을 실행하고 싶어도 방법을 모르는 경우가 많다.

두 번째는 목표를 실행하는 과정에서 새로운 유혹이나 생각에 빠지기 때문이다. 대부분 이런 이유로 초심을 잃어버린 채 포기한다.

단단한 삶으로 이끄는 성공 법칙

세 번째는 의지 부족이다. 해야겠다는 생각은 있지만 행동으로 옮기지 못하는 경우가 허다하다. 포털 사이트에 '목표를 이루지 못하는 이유'를 검색하면 1초도 되지 않아 수만 개의 사례를 찾을 수 있다. 아마도 대부분이 살면서 비슷한 고민을 해 본 모양이다.

사실 나 역시 '8가지'를 실천하는 과정에서 똑같은 어려움에 직면했다. 처음에는 뭐든 할 수 있을 것 같은 열정으로 가득했지만 실제로는 8가지 중에 그 어느 것 하나 쉽게 해낼 수 없다는 사실을 발견하고 절망했다.

> "어려운 일은 쉬운 것부터 시작해야 하고,
>
> 큰일을 하려면 작은 것부터 실천해야 한다.
>
> 천하의 어려움은 쉬운 일부터 해결해야 하며,
>
> 천하의 큰일은 작은 일부터 시작해야 한다.
>
> 이러한 이유로 성인은 처음부터 큰일을 하지 않지만
>
> 끝내 큰일을 이룬다."

노자의 『도덕경』에 등장하는 구절이다. 음식을 한 입씩 천천히 씹어야 하는 것처럼 인생도 천천히 한 걸음씩 걸어가야 한다.

큰 꿈은
작은
단계에서부터

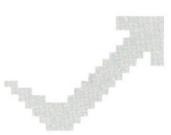

로켓을 우주로 쏘아 올리려면 일정한 속도와 질량이 필요하다. 과거 과학자들은 정밀한 계산과 연구 끝에 100톤에 달하는 로켓을 하늘 위로 쏘아 올리는 것은 불가능하다는 결론을 내렸었다. 그래서 아주 오랜 시간 동안 사람들은 로켓을 달로 쏘아 올리는 것은 어려운 일이라고 여겼다. 그러나 '다단계 로켓'이라는 개념이 등장한 후 인간의 꿈은 현실이 되었다.

'다단계 로켓'이란 말 그대로 발사체를 단계별로 나눈 것이다. 즉, 로켓이 대기층에 진입하고 나면 연료를 소진한 1단 로켓을 자체적으로 분리해 질량을 가볍게 하고 추진력을 강화해 나머지 기체가 우주에 진입할 수 있도록 하는 원리다.

단단한 삶으로 이끄는 성공 법칙

다단계 로켓의 작용 원리를 우리 인생에도 적용해 볼 수 있다. 목표를 세분화하여 쉬운 것부터 조금씩 실천하면서 단계별로 그것을 완성하는 것이다. 이는 최종적인 목표를 실현할 수 있는 매우 효과적인 방법이다.

언젠가 누가 내 인생의 8가지 계획을 보고, 8개 모두 쉽지 않아 보이는데 그걸 다 이루는 특별한 묘약이라도 있느냐고, 가령 일류 강사가 되고 싶은 꿈은 어디서부터 어떻게 실천하느냐고 물었다.

사실 여기에 관해서는 하고 싶은 말이 많다. 이번 기회를 빌려 내가 몸소 겪은 경험을 여러분과 나눠 보려고 한다. 처음 나는 8가지 인생 계획을 세우고 열정에 가득 차 있었다. '이렇게 완벽한 인생이 있을까!'라는 생각에 가슴이 벅차올랐고 정말로 내가 원하던 인생을 멋지게 살 수 있을 것 같다는 생각에 한껏 들떴다. 이렇게만 산다면 정말 죽을 때 아무런 후회가 없을 것 같았다. 그런데 어느 정도 시간이 흐르자 처음 가졌던 열정이 사그라들고 말았다. 그리고 혼란이 몰려왔다. 일류 강사가 되겠다는 계획을 세우기는 했는네 막상 현실 속의 내 모습은 그 꿈과 너무 거리가 있어 보였다. 책을 쓰고 싶다는 생각도 그랬다. 언제쯤 정말 가치 있는 책을, 그것도 무려 10권이나 쓸 수 있을지 알 수 없었다. 막막했다. 그런 고민으로 하루하루를 보내다가 우연히 마오쩌둥의 시를 보게 되었다.

하늘로 올라가 달을 잡고 ^{可上九天攬月}

바다로 들어가 자라를 잡는다 ^{可下五洋捉鼈}

'하늘로 올라가 달을 잡는다'는 게 무슨 의미일까? 나에게는 그 말이 인생에서 하고 싶은 것이 있다면 과학적이고 구체적인 방법으로 계획해서 실천해야 한다는 뜻으로 다가왔다. 막연하게 계획만 할 것이 아니라 그 계획을 실천하기 위해 세부적인 플랜과 가능성을 짜 보란 이야기다.

우리가 인생에서 집중해야 할 8가지를 정리하는 것이 바로 이에 해당한다. 그렇게 해서 계획을 모두 실천하고 나면, 꿈을 실천한 것이나 다름없다. 아마도 그때 느끼는 기분은 하늘에 올라가 달을 잡은 것보다 훨씬 더 기쁘리라! '바다로 들어가 자라를 잡는다'는 것 역시 구체적인 계획을 따라 그것을 실천하고 행동으로 옮긴다는 의미로 풀이되었다. 지금 나의 모든 행동을 최종적인 인생의 목표와 연계시켜서 그 안에서 접점을 찾아 목표 중심으로 움직이고 실천한다는 뜻이다.

이 뜻을 간파한 나는 즉시 노트북을 꺼내 '10년 로드맵'을 작성하기 시작했다. 만일 평생에 걸쳐 이 8가지를 모두 실천하려면 향후 10년 동안 내가 할 일은 무엇인지 고민해야 했다. 그렇게 죽기 전까지 그 8가지를 완성하기 위해 내가 앞으로 10년 안에 해야 할 일들을 구체적으로 적어 나갔다.

예를 들어 내가 하고 싶은 첫 번째는 일류 브랜드 가치를 지닌 코칭 강사가 되는 것이었다. 이를 위해서는 먼저 10년 안에 국내 최고의 강사가 되어야겠다는 생각이 들었다. 나만의 독특한 스타일을 갖추고 많은 사람에게 도움을 주는 강사가 되는 것이 그 꿈에 조금 더 가까이 다가가는 방법이었다. 세계 여행의 꿈도 조금 더 구체적으로 그려 보았다. 그러려면 향후 10년 안에 적어도 서른 개의 나라를 여행해 보는 것이 좋겠다고 생각했다.

이 과정을 통해 나는 내가 세운 인생의 8가지 계획을 이렇게 하나씩 구체화할 수 있다는 걸 깨달았다. 10년 안에 해야 할 일들을 쓰고 나니 그것들을 조금 더 세분화해서 정리하고 싶다는 생각이 들었다. 그래서 10년의 계획 안에서 다시 3년 내 해야 할 일들을 써 나가기 시작했다. 마치 브레이크가 고장 난 자동차처럼 생각은 꼬리에 꼬리를 물고 폭주했다. 나는 3년의 계획들을 또다시 1년의 계획으로, 1년의 계획을 3개월로, 3개월의 계획을 다시 한 딜의 던기 계획으로 정리했다. 그렇게 정리하고 나니 생각이 명확해졌고, 내가 해야 할 일들이 아주 구체적으로 보이기 시작했다.

예를 들어 한 달 안에 집필해야 할 원고의 양이나 수업 일수, 수업 진도나 내가 공부해야 할 범위, 가족들과 보내는 시간과 운동 시간을 정말 구체적으로 나눌 수 있었다. 그러자 내게 주어진 한 달의 시간, 하루의 시간이 정말 소중하게 느껴졌다. 단 몇 시간도 허투루 보내고 싶지 않았다. 그 계획들을 하나씩 실천해 나가면서 나는 인생의 계획과 꿈을 이루는 게 전처럼 어렵게 느껴지지 않았다. 그리고 그럴 때마다 떠오르는 생각이 있으면 노트를 꺼내 바로바로 적었다. 그렇게 꿈은 서서히 거대한 실체의 모습으로 내게 다가왔다.

내가 꿈꾸는 그 사람의 모습으로 하루아침에 변할 수는 없다.

내가 생각하는 인생의 중요한 8가지를 한 번에 이뤄 내기도 불가능하다.

하지만 1년을 해내면 나는 성공한 1년을 살아 낼 수 있다.

한 달을 해내면 성공한 한 달을 살아 낼 수 있다.

인생이란 매일을, 그리고 모든 순간을 충실하게 살아 내는 것이다.

단계를 밟아 완성하는 내 인생 목표

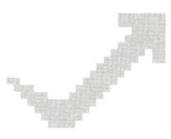

이제 여러분의 시간이다. 노트북이나 태블릿, 혹은 노트와 펜을 가져와 앞에서 그려 보았던 '룰렛'을 다시 그려 보자.

먼저 당신이 인생에서 최종적으로 이루고 싶은 8가지 일을 써 본 뒤 그것을 10년, 3년, 1년, 한 달 단위의 플랜으로 나눠 보길 바란다. 10년 안에 당신이 해야 할 8가지는 무엇인가? 1년 안에, 한 분기 안에, 그리고 한 달 안에, 괜찮다면 일주일 안에 해야 할 일이 무엇인지 적어 보자. 일주일 단위까지 적는 게 버겁다면 하지 않아도 된다. 당신의 습관에 맞춰서 작성하는 게 중요하지만, 최소 한 달 플랜까지는 구상해 보는 것이 좋다.

주의해야 할 점은 10년의 플랜은 당신이 인생에서 최종적으로 이루고 싶은 8가지와 연관성이 있어야 한다는 것이다. 3년, 1년 계획도 마찬가지다. 모두 '8가지'의 큰 틀 안에서 연계성을 유지해야 하며 한 달, 일주일의 플랜도 동일하게 맞물려야 한다. 또 시기별로 이뤄지는 8가지의 일은 모두 실행 가능한 것이어야 한다. 그러고 나면 단계별로 세분화된 계획이 결국은 인생에서 최종적으로 이루고 싶은 8가지와 연관 있다는 걸 알게 될 것이다. 매일, 매시간, 1분 1초 단위로 진행되는 모든 것이 그 8가지와 연결되어 있다고 생각하면 최종적인 인생의 꿈을 이루는 것이 예전처럼 어렵고 막연하게 느껴지진 않을 것이다.

인생에서 꼭 이루고 싶은 8가지는 무엇인지 진지하게 고민해 보자. 그다음 그것을 단계에 따라 세분화하는 작업을 해 보길 바란다.

1) 10년 동안 집중해야 할 8가지

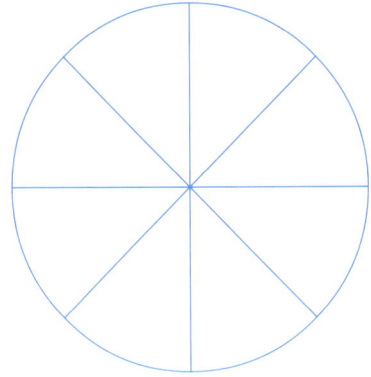

단단한 삶으로 이끄는 성공 법칙

2) 3년 동안 집중해야 할 8가지

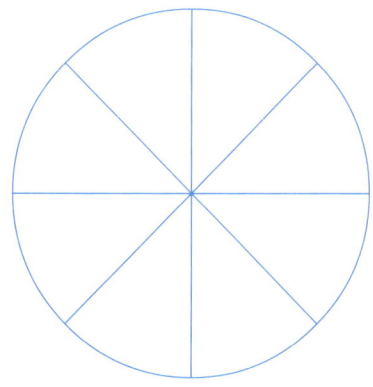

3) 1년 동안 집중해야 할 8가지

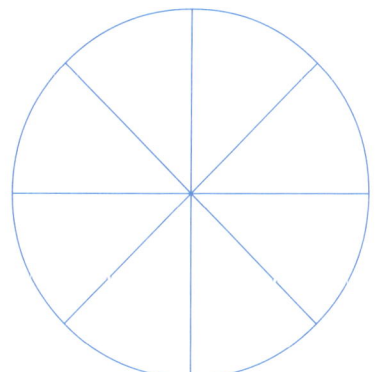

4) 이번 달에 집중해야 할 8가지

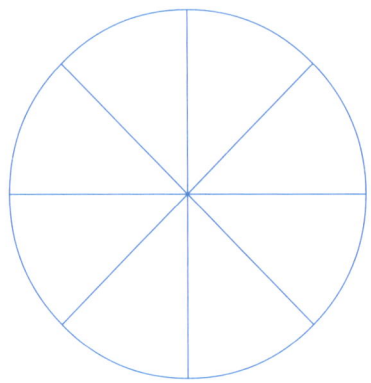

세상에 오르지 못할 나무는 없다. 아무리 높은 계단일지라도 결국에는 한 계단씩 차례대로 올라가면 된다. 이렇게 생각하면 10만 개 계단도 오를 수 있다. 문제는 계속해서 같은 계단 위에서 빙빙 돌며 위로 올라가지 못하는 것이다. 매일 한 계단씩 꾸준히 올라가다 보면 설사 10만 개의 계단일지라도 결국에는 다 오르고 만다.

그러니 기억하자. 당신의 모든 계획은 실현 가능하다. 이뤄 내지 못할 꿈은 없다. 모든 계획은 당신이 얼마나 능력 있는 사람인지 증명해 내는 과정이 될 것이다. 부디 인내심과 끈기를 가지고 하나씩 실천해 나가길 바란다. 시간이 조금 걸리더라도 한 걸음씩 천천히, 작은 것부터 실천해 나가도록 하자. 이번 달, 작게는 이번 주, 더 작게는 오늘 하루의 계획을 잘 세우고 실천하다 보면 당신의 인생도 차차 변해갈 것이다.

여러분의 이해를 돕기 위해 내가 작성한 10년 동안의 8가지 계획을 함께 나눠 보고자 한다.

[10년 동안 해야 할 인생의 8가지 계획]

1	'핵심 인재 커리큘럼' 성장시키기, 국내 최고 인재 교육 과정 만들기
2	국내에서 사회 공헌도가 가장 높은 기업 세우기
3	의미와 가치 있는 저서 4권 출간하기
4	자원봉사 200일 참여하기
5	수강생 300명 양성하기
6	세계 절반 이상 나라 여행하기
7	해마다 50~100번 정도 골프 라운딩 나가기
8	행복한 가정생활 유지하기, 아이들과 많은 시간 보내기

이렇게 정리하면 10년 동안 해야 할 8가지가 조금 더 명확히 보이기 때문에 상대적으로 실천하기도 쉽다. 다음은 이것을 다시 한 달 플랜으로 구체화한 것이다.

[한 달 동안 해야 할 인생의 8가지 계획]

1	책 한 권 구상하고 목차 짜기
2	8일 과정의 '핵심 인재 커리큘럼' 강의하기
3	자원봉사 6일 실천하기
4	회사 팀원들 대상으로 사내 연수 1회 진행하기
5	골프 라운딩 4회 나가기
6	광저우에서 3일 강의하기
7	가족들과 3회 이상 여행하기
8	베이징에서 열리는 코칭 관련 모임 2회 이상 참여하기

이렇게 정리하면 8가지 계획이 훨씬 더 단순해지고 직관적으로 보이기 때문에 쉽게 실천할 수 있다.

비결은
단 하나,
꾸준함

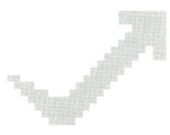

'천리마라도 뜀박질 한 번에 열 걸음을 넘길 수 없고, 노쇠한 말이라도 열흘을 달리면 멀리 갈 수 있다'라는 옛말이 있다. 성공이란 하루아침에 이뤄지는 게 아니라 얼마나 오랫동안 노력하고 유지하느냐에 달려 있다는 뜻이다.

'차 아가씨'에 관한 이야기나. 1987년, 그녀는 열네 살의 나이에 후난성 이양의 작은 마을에서 차 장사를 시작했다. 차 한 잔에 딱 10원이던 시절이었다. 그녀의 가게는 맛은 특별하지 않았지만, 찻잔이 다른 곳보다 훨씬 컸다. 그래서인지 늘 손님이 끊이지 않았다. 마을 사람들은 그녀의 집을 찾아 차를 즐겨 마셨고 그녀는 바쁜 나날을 보내면서도 힘든 줄 모르고 일했다.

　1990년, 그녀가 열일곱 살이 되자 가게를 조금 더 확장해 읍내로 나와 노점에서 장사를 시작했다. 차 종류도 이전처럼 보통의 차가 아니라 현지에서 유명한 '레이차擂茶'를 팔기로 했다. 레이차는 제조 방법도 까다로울 뿐 아니라 물에 대한 연구도 많이 해야 했다. 차는 아주 잘 팔렸다. 그녀는 아주 즐겁게 일했고 점점 더 많은 돈을 벌기 시작했다.

　1993년, 스무 살이 되고도 그녀는 여전히 차를 팔았다. 바뀐 점이라면 이제는 후난성 창사의 번화가로 지점을 옮긴 것이었다. 시골 노점에서 하던 장사를 접고 어엿한 매장을 차렸고 직원도 몇 명 고용했다. 손님들은 들어와서 향긋한 차를 시음해 본 뒤에 여러 개를 한꺼번에 구매했고 자주 오는 단골손님도 생기기 시작했다.

　1997년, 그녀는 스물네 살이 되었다. 지난 10년 동안 차를 연구하며 지낸 그녀는 이제 더 이상 시골 찻집의 소녀가 아니었다. 그녀가 개발하고 생산한 찻잎은 창사를 넘어 시안, 상하이, 선전 등 중국 10여 개의 대도시로 유통되었다. 우수한 품질의 찻잎과 친절한 매장 분위기 덕분에 그녀의 사업은 성장 가도를 달렸다.

　2003년, 서른이 된 그녀는 마침내 인생의 가장 큰 꿈을 이뤄 냈다. 싱가포르와 말레이시아 등 지역에 매장을 오픈한 것이었다. 국내뿐 아니라 외국에서도 커피나 밀크티 등과 겨뤄도 손색이 없을 만큼 훌륭한 차 맛으로 큰 성장을 이뤄 냈고 현지인들에게도 많은 사랑을 받았다.

지난 수십 년간, 시골 마을 한편에서 차를 팔던 소녀가 이제는 글로벌 체인점을 운영하는 어엿한 CEO로 거듭났다. 웬만한 끈기와 인내심이 아니면 해낼 수 없는 일이었다. 사람들이 성공 비결을 물을 때마다 그녀는 미소를 띤 얼굴로 이렇게 대답했다.

"비결이랄 게 따로 있나요. 그런데 하나는 확실해요. 지난 세월을 돌아봤을 때 성공하고 싶다면, 꿈을 이루고 싶다면 매일 그걸 마음속으로 새기고 작은 것부터 끊임없이 계속해서 실천하는 게 중요한 것 같아요. 그게 쌓이다 보니 지금 여기까지 왔네요. 그것 말고 다른 비결은 없어요."

확인해 봅시다!

어떻게 해야 우리가 세운 계획을 포기하지 않고 끝까지 해낼 수 있을까?
아래의 몇 가지 질문은 당신이 목표를 설정하고 성과를 얻는 데 도움을 줄
것이다.
조용한 장소를 찾아 마음을 정돈한 뒤 다음의 몇 가지 질문에 성의껏 답해
보길 바란다.

1. 향후 3개월 동안 당신이 가장 하고 싶거나 할 수 있는 목표는 무엇인가?

2. 그 목표가 당신에게 도전적인가? 당신은 그 목표를 실천할 수 있는가?

3. 3개월 뒤에 당신이 그 목표를 이뤄 낸다면 당신 혹은 당신의 팀에게 어
떤 가치와 의미가 있을까?

4. 그 목표를 실천하기 위한 마음의 준비가 되어 있는가? 그것이 당신에게 왜 그토록 중요한가?

5. 그 목표를 실행하여 소기의 성과를 달성하기 위해 당신은 어떤 것부터 시작해야 하는가?

6. 당신의 첫 번째 액션 플랜은 무엇인가?

위 질문은 또 다른 목표를 설정하고 그것을 성취할 때도 유용하게 적용해 볼 수 있다. 이것을 자기 계발을 위한 도구로 잘 활용하길 바란다.

균형 잡힌 계획이 만드는 성장

하루를 8일처럼 살아 낼 수 있다면 얼마나 좋을까? 만일 그렇다면 남들에게는 8년이 걸리는 일을 1년 안에 해낼 수 있을 것이다. 그런 사람이 남들보다 훨씬 더 빨리 성장하는 건 너무나 당연한 사실이다.

이 이야기를 꺼낸 이유는 얼마 전 미국 여행을 하며 느꼈던 것들을 여러분과도 나누고 싶었기 때문이다. 사실 나는 최근 몇 년을 정말 바쁘게 지냈다. 강의도 많았고 모두 중요한 커리큘럼이라 20일이 넘는 시간을 빼서 여행을 가는 게 정말이지 쉽지 않았다. 하지만 여러분도 알다시피 내가 살면서 꼭 해야 할 8가지에는 세계 여행이 포함되어 있다. 그래서 아예 연초에 미국 여행 일정을 잡아 놓고 그 기간에는 다른 어떤 스케줄도 짜지 않았다. 그렇게라도 하지 않으면 가기 힘들 것 같았다.

지금 생각해 보면 미국 여행은 여러모로 감사한 일이 많았다. 먼저 이 여행을 통해 나는 '세계 여행의 꿈'에 한 발짝 가까워졌으며, 가족들과 함께 시간을 보내야겠다는 계획도 실천할 수 있었다. 똑같은 시간을 국내에서 보냈다면 아마 그렇게 가족들과 함께하지 못했을 것이다. 또 여행을 통해 시야를 넓히니 세계 일류 강사가 되고자 하는 꿈에도 많은 도움이 되었다.

이번 미국 여행 기간에 나는 한 교육 컨설팅 업체와 약속을 잡아서 그쪽

관계자들과 심도 있는 대화를 나누고 교류를 진행했다. 또 미국 육군사관학교나 하버드 대학교, 예일 대학교와 같은 명문대를 탐방하며 많이 보고 배울 수 있었다. 이것은 현재 나의 교육 컨설팅 사업에 조금 더 명확한 비전을 제시해 주는 기회가 되기도 했다. 또 진정한 '코칭형 리더'가 되고 싶다는 나의 꿈에 한 발짝 다가서는 계기가 되었다.

그뿐만이 아니었다. 특별히 빈민가를 방문해 미국 사회의 취약 계층에 대한 상황을 이해하는 기회를 얻었고, 교육열이 뛰어난 부촌도 함께 방문하여 선진적인 교육 모델을 공부했다. 이는 향후 중국에서 취약 계층 아동을 위한 희망학교나 무상 교육 프로그램을 운영하고 싶은 나의 꿈에 많은 교훈과 깨달음을 주었다. 또 여행 기간에 골프 라운딩을 두 번 나갔고 이 책의 초고를 작성하면서 책에 대한 구상을 조금 더 구체화하는 시간을 보냈다.

여기서 끝이 아니다. 20여 일 동안 월가, 할리우드, 디즈니랜드, 나이아가라 폭포 등을 자유롭게 여행하며 정신적으로 쉼을 얻었다. 이 모든 과정은 '내 인생의 8가지 계획'과도 깊은 연관이 있는 것이었다. 인생을 계획하고 그것을 마음 깊은 곳에 새긴 후로 나는 여행을 하면서도 8가지와 관련한 일을 동시에 해낼 수 있었다.

인생에 계획이 없는 사람들은 오랜 기간 여행을 다녀오면 즐겁게 놀다 와도 늘 아쉬움을 토로한다. 심지어 산더미처럼 쌓여 있는 일을 보면 '괜히 놀았나?'라는 후회까지 하게 된다. 이는 정말 안타까운 일이다. 그런데 만일 같은 시간을 여행하면서도 인생의 많은 꿈을 실현할 수 있다면 어떨까? 20일 동안 8가지 계획을 실천할 수 있다고 한다면 평균적으로 꿈 하나당 3일 정도가 소요되는 셈이다. 이 얼마나 '가성비' 높은 여행인가!

살다 보면 인생이 원하는 대로 술술 잘 풀릴 때도 있지만 그렇지 않을 때도 있다. 그 단순하지만 심오한 진리를 알고 있는 사람이라면 우리가 세운 '인생의 8가지 계획'이 삶을 지켜 주는 하나의 큰 틀이자 원동력이라는 걸 안다. 그러니까 때로 인생이 생각처럼 풀리지 않더라도 '8가지 틀' 안에서 살아가면 많은 길을 힘들게 돌아갈 필요가 없다는 걸 알게 된다. 사실 우리의 삶에 영향을 주는 건 외부의 환경이나 사건이 아니다. 문제를 바라보는 시각과 그것에 대한 우리의 태도, 그리고 에너지에 달려 있다. 에너지를 어떤 방향에 집중하고 있느냐에 따라 완전히 다른 결과가 나오는 것이다.

'인생의 8가지 계획'은 당신의 시선을 자신이 이루고자 하는 꿈에 집중하게 한다. 그러니 당연히 그곳에 에너지가 모이기 마련이다. 에너지를 분산해서 사용하는 것과 집중하는 것의 결과는 하늘과 땅 차이다. 예를 들어 우라늄을 생각해 보자. 본래 대지에 흩어져 있을 때는 아주 약한 방사성을 띠지만 20~25%로 농축했을 때는 원자력 발전소 에너지로 사용된다. 이를 90~95%로 농축할 경우 원자 폭탄까지 만들 수 있다.

사람의 에너지도 마찬가지다. 사소하고 번잡한 일들에 에너지를 분산시키면 그 어느 것 하나 제대로 해내지 못한다. 그러나 당신이 진짜 하고 싶은 8가지에 에너지를 집중하면 엄청난 결과를 만들어 낼 수 있다. 언급했듯이 8가지 계획을 세울 때는 나 자신, 가정, 일/사업, 사회라는 네 가지 분야에서 균형을 맞춰줘야 한다. 이 네 가지 요소를 기반으로 하지 않는다면 어느 한쪽으로만 심하게 기울어지거나 편향된 계획을 세우기 쉽다. 나는 내 강의를 듣는 학생들에게 똑같이 이 네 가지 요소, '사분면'을 활용해 인생을 계획해 볼 것을 제안했다. 사실 우리의 인생은 이 네 가지를 떨어뜨려 놓고 생각할 수 없기 때문이다.

첫 번째로 '나 자신'을 생각해 보자. 나를 사랑하지 않고 나를 돌보지 않는 사람은 다른 사람과 가족, 내가 속한 팀을 사랑할 수 없고 사회에 공헌할 수 없다.

두 번째 요소인 가정은 사회의 가장 기본적인 단위로 인류를 존속하게 하는 기초이자 우리가 세상에 태어나 처음으로 사랑과 보살핌을 받는 곳이다. 사실 가정과 일/사업은 서로 충돌하는 개념이 아니다. 가족과의 관계가 평화롭지 못하면 매우 강력한 무력감을 느끼기 때문에 일에도 집중할 수 없다. 하지만 가정이 화목하면 밖에서 일을 할 때 큰 힘과 도움이 된다. 그래서 이 둘은 서로 보완해 주는 관계가 된다.

마지막으로 사회와 자손의 승계는 이 세상에 태어난 모든 사람에게 주어진 기본적인 의무다. 사람들이 이 문제를 등한시하거나 실행하지 않았다면 우리 인류는 일찍이 멸종되고 말았을 것이다. 사회 발전을 위한 기여와 공헌, 그리고 자손의 승계를 생각하는 사람은 한층 더 성숙한 삶을 살수 있다. 또 타인과 사회, 나아가 이 세상과 우주에 해가 되는 일은 저지르지 않는다. 보통 사회에 기여하고자 하는 사람들은 어떤 조건이나 대가를 바라지 않는다. 그런 사람이 어떻게 이기적이고 타인에게 해가 되는 일을 할 수 있겠는가?

'군자도 재물을 좋아하지만, 그것을 취할 때는 정도를 지킨다'라는 말처럼 인생을 즐기되 정도를 지킬 수 있을 것이며 삶을 더 여유롭고 행복하게 살아갈 수 있을 것이다. 일이나 사업 면에서도 더 능력 있는 인재로 거듭나게 될 것이다. 세계 100대 기업 안에 드는 기업을 일궈 낼 수도 있을 것이다. 또 가족과 지인들, 나아가 사회적으로 존경받는 사람이 될 수 있을 것이다.

목표에서 발견하는 하루의 가치

간혹 인생이 재미없다고 느끼는 이유는 우리가 할 일이 없거나 한가해서가 아니다. 가끔 힘든 이유도 너무 바쁘고 피곤해서가 아니다. 사람은 아무런 의미가 없는 것에 무료함을 느낀다. 그래서 무엇을 하든지 거기서 의미와 가치를 찾는 게 중요하다.

그리스 신화에 나오는 코린트의 왕 시지프스는 제우스를 속인 죄로 지옥에 떨어져 바위를 산 정상으로 밀어 올리는 벌을 받았다. 어찌 보면 그리스 로마 신화의 3대 주요 신으로 불리는 제우스를 속인 죄치고는 가벼워 보인다고 생각될지 모르겠지만, 사실 이 죄는 그 어떤 죄보다 고통스러운 체벌이다. 시지프스가 밀어 올린 바위는 산꼭대기에 이르면 다시 아래로 굴러떨어져 원상태로 돌아온다. 한마디로 이 일은 그 어떤 가치도 의미도 없는 일이다. 죽을 때까지 아무런 의미도 없는 일을 매일 같이 해야 한다면 눈을 뜨는 하루가 얼마나 고통스러울까?

우리네 인생도 마찬가지다. 아무리 해도 큰 의미가 없는 일들의 반복은 삶의 의미를 앗아가 버린다. 그래서 우리는 목표를 세워 이를 향해 나아가는 방법을 꾸준히 터득하고 실천해야 한다. 나는 쉬운 이해를 돕기 위해 '사분면'의 법칙을 적용해 세분화한 나의 목표를 사례로 들어 여러분에게 들려주었다. 아울러 실전 연습 코너에서는 목표를 세운 다음 어떻게 하면 그것을 효과적으로 실행할 수 있을지 고민해 보기도 했다.

마지막으로 인생의 목표를 명확히 설정한 사람의 삶이 얼마나 효율적으로 변하는지 '나의 미국 여행기'를 통해 이해하는 시간을 보냈다. 부디 이것이 여러분에게 많은 도움이 되었으면 한다.

나는 쓸데없는 일로 고민하고 낭비할 시간이 없다. 나는 '인생의 중요한 8가지'를 실천하기 위해 매년, 매일의 계획을 알차게 세워 놓았기 때문이다. 여러분은 어떤가?

핑계를 멈추는 순간,
찐짜가 시작된다

PART 5

행복을 가로막는
세 가지
사고방식

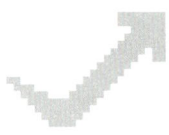

　인생에서 꼭 하고 싶은 8가지를 정하고 나면 열정과 기쁨이 샘솟는 경험을 하게 된다. 그리고 훗날 그 계획을 모두 이뤄 낸 나의 모습을 생각하면 가슴이 벅차오르기도 한다.

　그러나 막상 그 꿈을 실천하는 과정에서 우리는 자주 절망과 고통을 느끼고 심지어 무력감에 빠지기도 한다. 그 굴레에서 벗어나지 못하고 중도에 포기하는 일은 비일비재하다. 1년의 계획을 세워도 지키기 힘든데 인생 전체를 통틀어 만든 계획은 말할 것도 없을 것이다. 도대체 왜 그럴까?

　사실 절망과 고통을 안겨주는 근본적인 원인만 제대로 찾아낸다면 문제는 자연스럽게 해결된다. 불교에서는 고통의 근원이 '탐욕과 불만, 무지'에서 비롯한다고 말한다. 나는 개인적으로 사람이 고통을 느끼는 근본적인 원인은 다음과 같은 세 가지 사고방식에서 비롯한다고 생각한다.

피해 의식

피해 의식에 사로잡힌 사람들은 문제가 생겨 좌절과 어려움을 겪을 때마다 그 원인을 남의 탓으로만 돌리려 한다. 자신을 돌아보고 부족한 부분을 메우기보다 항상 다른 사람이나 사회, 혹은 외부 환경에 책임을 전가한다. 이런 마음가짐으로는 무력함과 우울감에 휩싸일 수밖에 없으며 짜증과 분노 같은 감정에 잠식된다.

이와 반대되는 상태는 무슨 일이든 책임을 지려고 하는 성숙한 마음가짐이다. 이러한 마인드의 사람들은 어떤 상황이 일어나든 항상 먼저 자신에게서 문제의 원인을 찾아보려 한다. 그들은 설령 심각한 문제가 일어날지라도 언제나 자신이 선택한 결과에 책임지려는 마음을 갖고 있다.

그러면 어떻게 이러한 마인드를 가질 수 있을까? 다음의 세 가지 질문이 그러한 마음을 유지하는 데 도움이 될 것이다. 나는 개인적으로 이것을 '행복을 부르는 세 가지 질문'이라 부른다.

① 혹시 해서는 안 될 일을 했는가? 혹은 꼭 해야 할 일을 하지 않았는가?

② 이 일을 통해 내가 얻을 수 있는 교훈은 무엇인가?

③ 어떻게 해야 결과를 바꿀 수 있을까?

이 질문들은 특히 직장이나 일터에서 활용하기 좋다. 이 내용에 관해서는 뒷부분에서 더 자세히 다루도록 하겠다.

보상 심리

보상 심리는 무엇을 하든 대가와 보상을 바라는 마음 상태를 말한다. "나는 늘 그 사람을 도와주는데 그쪽에서는 고맙다는 말 한마디도 안 한다니까요. 진짜 섭섭해요." 혹시 누군가를 도와준 뒤에 이런 마음이 들었다면 당신 역시 보상 심리에 사로잡힌 사람이다.

진정으로 누굴 돕는 사람은 기꺼이, 마음에서 우러나와 자발적으로 행동한다. 그 어떤 보상이나 대가를 바라지 않는다. 설령 상대방이 아무런 보답을 하지 않더라도, 심지어 고맙다는 말 한마디 하지 않더라도 상관하지 않는다. 그건 오로지 내가 원해서 한 일이며 그 과정에서 즐거움과 행복을 느꼈다면 그걸로 충분하기 때문이다. 이런 생각을 하는 사람은 그리 큰 고통에 시달리지 않는다.

많은 사람의 삶이 힘겨운 이유는 내가 한 것에 비해 더 많은 걸 얻고 싶은 욕심에 사로잡혀 있기 때문이다. 아마도 이는 어릴 때부터 받은 잘못된 교육과 연관 있는 듯하다.

많은 부모가 지금도 자녀에게 "너 지금 공부 안 하면 나중에 좋은 대학 못 가."라는 등의 말을 할 것이다. 그런데 정말 곰곰이 생각해 보자. 좋은 대학에 가려는 이유는 무엇일까? 취직을 잘하기 위해서? 그럼 취직을 잘한다는 것의 기준이 뭘까? 연봉이 높고, 복지가 좋고, 누구나 알 법한 브랜드의 기업에 들어가는 것? 어릴 때부터 이러한 가치관에 사로잡혀 있으면 무조건 노력에 비해 많은 걸 얻으려고 하며 무슨 일을 하든지 대가를 기대한다.

그런데 이러한 마인드로 살아가는 사람의 삶이 과연 행복할까?

"국가와 국민이 나를 위해 해 준 것이 무엇인지 따지기 전에 당신이 국가와 국민을 위해 뭘 했는지 돌아보라." 미국 대통령이 했던 이 한마디가 깊은 울림을 준다. 이러한 마인드로 누군가에게 도움을 주거나 무언가를 해 준다면 우리의 인생은 완전히 달라질 것이다. 매일 기쁜 마음을 유지할 수 있으며, 더는 남을 향해 비난과 원망의 손가락질을 하지 않을 것이다.

다음 이야기는 누군가에게 마음을 여는 것이 얼마나 행복한 일인가를 보여 주는 일화이다.

세 승려가 한 산골 마을에 들르게 되었다. 그런데 이 마을 사람들은 여러 해 동안 홍수와 전쟁, 기아 등 재난 재해를 겪으며 피폐한 삶을 살고 있었다. 이들은 외부 세상을 믿지 못했고 이웃 간에도 신뢰가 없어 왕래가 없었으며 외지 사람과도 철저히 단절된 생활을 했다. 승려들이 마을을 돌아다녀 보니 집집마다 약속이라도 한 듯 창문은 물론 대문까지 꼭꼭 걸어 잠그고 있었다. 가서 문을 두드리면 아예 집안의 불을 꺼 버리거나 아무도 없는 척하기 일쑤였다.

그 모습에 안타까움을 느낀 승려들은 고민 끝에 '돌멩이 찌개'를 끓이기로 했다. 그들은 먼저 산에서 장작으로 쓸 나무를 모아 왔다. 이어서 강에서 물을 떠 온 뒤 마을 한가운데에 자리를 잡고 불을 피웠다. 온도가 조금씩 올라가자 냄비에 물이 보글보글 끓기 시작했다. 그 모습을 멀리서 지켜보던 한 소녀가 궁금증을 참지 못하고 그들에게 다가와 물었다.

"스님들 지금 뭐 하시는 거예요?"

"돌멩이 찌개를 끓이려고 합니다. 그러려면 동그랗고 매끈한 돌 세 개가 필요한데…."

승려의 말이 채 끝나기도 전에 소녀가 말했다.

"기다리세요! 제가 금방 찾아올게요."

소녀는 재빠르게 잘생긴 돌멩이 세 개를 찾아와서 그들에게 건네 주었다.

"이 돌멩이들을 잘 끓이면 정말 맛있는 찌개가 되지요."

승려가 돌멩이를 냄비 속에 넣으며 무언가 부족하다는 듯 아쉬운 표정으로 말했다.

단단한 삶으로 이끄는 성공 법칙

"다만 이 냄비가 너무 작아서 걱정입니다. 사람은 셋인데 부족할 것 같아요."

"걱정 마세요. 제가 집에 가서 가져올게요."

소녀는 안심하라는 듯 당당하게 말했다. 그리고는 한달음에 집으로 달려가 엄마에게 방금 있었던 신기한 일을 말해 주며 큰 냄비를 달라고 졸랐다. 그녀는 잠시 고민하다가 대체 그 찌개는 어떻게 끓이는 건지, 맛은 어떤지 너무 궁금해져서 집에 있는 가장 큰 냄비를 꺼내 딸과 함께 나섰다.

마을의 정중앙에서 승려들이 피운 불이 피어올랐다. 마을 어디에서도 한눈에 볼 수 있는 자리였다. 그들은 계속해서 땔감을 보태며 화력을 키우면서 냄비 속의 돌멩이를 휘적거렸다. 처음에는 관심 없는 것 같았던 마을 사람들도 호기심을 이기지 못하고 하나둘씩 문밖으로 나와 승려들이 하는 요리를 지켜보았다. 도대체 돌멩이로 어떻게 요리를 한다는 건지 알 수 없는 노릇이었다. 그때 갑자기 국자를 들고 있던 승려가 아쉬운 듯 중얼거렸다.

"여기에 소금이랑 후추가 소금 들어가면 정말 맛있을 텐데…."

그러자 승려들을 흥미롭게 지켜보고 있던 한 청년이 말했다.

"제가 집에서 가져오겠습니다!"

그는 한달음에 집으로 달려가 국에 넣을 소금과 후추를 가지고 돌아왔다.

"이렇게 큰 냄비에 끓이는 돌멩이 찌개에는 당근이 들어가야 제맛이지요."

소금과 후추를 넣고는 간을 보던 승려가 사람들에게 들으라는 듯 말했다. 그러자 그중 한 명이 재빠르게 집으로 달려가 국에 넣을 당근을 가져왔다.

"많이 나아졌지만 그래도 조금 아쉬워요. 양파를 넣는 게 더 좋을 것 같아요."

또 다른 승려가 맛을 보며 국자를 쥐고 있는 승려에게 말했다. 그러자 기다렸다는 듯 농부 한 명이 집에 가서 양파를 가져와 그들에게 건네주었다.

"버섯이 조금 더 들어가면 어떨까요?"

진지하게 맛을 본 나머지 승려 한 명이 말했다. 그러자 사람들은 저마다 집으로 돌아가 버섯이며 배추, 무, 국수 등 재료가 될 만한 것들을 들고 돌아왔다.

한 사람이 기꺼이 재료를 내밀자 다른 사람들도 잇달아 따라 하기 시작했다. 그러자 냄비 속의 내용물이 점점 더 많아졌다. 만두, 두부, 목이버섯, 대파, 마늘, 바지락…. 누군가는 간장을 넣으면 간이 딱 맞을 것 같다며 집으로 달려가 간장을 들고 오기도 했다.

보글보글 끓어오르는 찌개에서는 맛있는 냄새가 났다. 마을 사람들은 저도 모르게 꼴깍꼴깍 군침을 삼키거나 입맛을 다셨다. 사람들은 어쩌면 지금껏 먹어 본 적 없는, 세상에서 가장 맛있는 찌개가 아닐까 생각했다.

요리가 어느 정도 끝나자 사람들은 어느새 젓가락이며 밥그릇이며 국그릇 등 식기들을 챙겨왔다. 그새 맛있는 쌀밥을 한 솥 지어 온 사람도 있었고, 밥을 먹으며 함께 마실 차를 끓여 온 사람도 있었다.

마을 사람들은 새삼 이렇게 한곳에 모여 다 같이 밥을 먹어 본 적이 없었다는 사실을 깨달았다. 실로 '돌멩이 찌개'는 감탄을 부르는 맛이었다. 곳곳에서 "캬!", "시원하다!", "이렇게 맛있다고?" 하는 감탄사가 들려왔다. 그런데 재밌는 일이 벌어졌다. 식사가 끝난 뒤에도 사람들은 집으로 돌아가지 않았다. 그 자리에서 그동안 서로 살아왔던 이야기를 하거나 흥겨운 노래를 부르고 춤을 추기 시작했다. 마을 잔치나 다름없었다. 사람들은 한밤중이 훨씬 지나고 나서야 집으로 돌아갔다. 하지만 이제는 더 이상 문을 걸어 잠그지 않았다. 그들은 앞다투어 승려들을 제집에 초대하고자 했고 어떻게든 편안한 잠자리를 제공하기 위해 심혈을 기울였다.

며칠이 지나고 승려들이 다시 떠날 채비를 하자 마을 사람들은 아쉬움을 감추지 못했다. 그들은 승려들이 마을에 가져다준 변화와 즐거움에 진심으로 감사의 마음을 전했다.

"사실 행복은 단순합니다. 여러분 모두가 이미 가지고 계시니까요."

승려들은 인자한 미소를 지으며 말했다.

행복은 단순하다. 진정한 즐거움이란 다른 데서 오는 게 아니다. 누군가를 위해 헌신하고 도움을 주며 베푸는 과정에서 만들어진다. 여러분이 할 수 있는 것을 타인을 위해 사용해 보자. '돌멩이 찌개'가 세상에서 가장 맛있는 요리로 변하는 걸 볼 수 있을 것이다.

통제와 억압

고통의 세 번째 원인은 바로 통제와 억압이다. 통제와 억압이란 오로지 자신의 의지와 생각에 따라 다른 사람을 조종하려는 심리다. 이러한 마인드는 생활 곳곳에서 찾아볼 수 있다. 직원을 마음대로 통제하려는 상사, 상사를 마음대로 조종하려는 직원, 자녀를 원하는 대로 통제하려는 부모, 본인의 생각대로 남편을 움직이려는 아내…. 즉 상대가 좋아하는 방식으로 일을 처리하는 게 아니라 본인이 좋아하고 편한 방식으로 상대를 움직이려는 태도이다.

"이렇게 하는 건 전부 그 사람을 위해서라고요!"

정말 많은 사람이 이렇게 생각한다. 특히 부모와 자녀 관계에서 이런 종류의 억압이 많이 나타난다. 그들은 자신이 하는 행동이 모두 자녀를 사랑해서, 자녀를 위해서라고 말한다. 그런데 정작 자녀들의 반응은 어떤가? 잘 모르겠다면 당신의 지난날을 떠올려 보라. 어릴 적 부모님이, 혹은 당신의 상사나 주변 사람들이 '다 너를 위해서 그러는 거야.'라고 말할 때 당신의 기분은 어땠는가?

사실 진정으로 누군가를 위하고 싶다면 그 사람이 정말 좋아하고 원하는 일을 할 수 있도록 지지하고 이해해 주고 사랑해 주어야 한다. 내 기준에 맞춰 상대가 움직이도록 요구하는 건 절대 그 사람을 위하는 게 아니다. 그래서 정말 행복하고 즐거운 인생을 사는 사람은 누군가를 통제하거나 억압하지 않는다. 사람은 누군가를 변화시킬 수 없으며 통제하거나 억압해서는 안 된다. 타인을 변화시키려고 하거나 그를 통제하려고 하면 할수록 나의 무능함과 무력함을 느끼게 된다. 우리가 바꿀 수 있는 유일한 존재는 바로 나 자신이다. 내가 변하면 이 세상도 자연스럽게 바뀐다.

매일 외부에서 일어나는 사건이나 현상은 우리에게 영향을 줄 수 없다. 진짜 우리에게 영향을 주는 것은 그 사건을 바라보는 나의 시각과 생각이다.

고통을 느끼게 하는 원인을 바로 알고 나면 그런 상황을 마주했을 때 바로바로 수정할 수 있다. 짜증 나고 불안하고 우울하고 불편할 때 스스로 물어보자. '혹시 내가 지금 피해 의식에 사로잡혀 있나? 아니면 보상을 바라나? 혹시 내가 저 사람을 통제하려는 마음인가?' 이런 의식이 생기면 모든 문제의 원인은 결국 나에게 있었다는 걸 깨닫는다. 그러면 절반이 해결된 것이나 다름없다.

고통의 근원을 뿌리 뽑으면 우리는 매일 행복하고 활력 넘치는 삶을 살 수 있다. 만일 날마다 즐겁고 기쁘게 살아간다면 설령 문제가 생기더라도 성공적으로 방법을 찾아낼 수 있을 것이다. 더는 여러분이 실패를 둘러대기 위한 궁색한 변명거리를 찾거나 우울과 고통에 몸부림치지 않기를 바란다.

꿈을
가로막는
네 마리 좀비

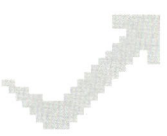

　예전에 한 지인이 내게 고민을 털어놨다. 인생에서 꼭 하고 싶은 8가지 일을 계획하긴 했는데 그걸 실천할 엄두가 나지 않는다고, 과연 자신이 그걸 실천할 수 있을까 하는 의심이 자꾸만 든다는 내용이었다.

　이와 관련해 코칭 전문가 앳킨슨 박사가 아주 흥미로운 이론을 내놓았다. 그녀는 우리의 성공을 방해하는 네 개의 '좀비'가 있다고 주장했는데 여기서 말하는 좀비는 성공을 가로막는 심리적 장애물을 가리킨다. 사람들은 보통 자신의 꿈을 실천하는 과정에서 다음과 같은 네 가지 좀비와 마주하게 된다.

① 꿈을 두려워하는 마음

"내가 이걸 어떻게 이뤄 내겠어. 살면서 진짜로 꿈을 이룬 사람들은 몇몇 소수에 불과해."

계획은 세웠지만 본인이 그걸 진짜로 이뤄 낼 수 있으리라고 믿지 않는 사람들이 있다. 그들은 꿈을 꾸는 순간 자신도 모르게 이런 부정적인 생각에 사로잡혀 감히 도전하지 못한다.

인생의 8가지 계획을 세워 보라고 하면 의외로 정말 많은 사람이 본인이 진짜 하고 싶은 게 무엇인지 잘 모르겠다고 말한다. 하지만 조금만 더 생각해 보면, 사실 두려움에 사로잡혀 계획을 세우지 못하는 것일 뿐 누구나 살면서 진짜로 해 보고 싶은 일이 적어도 하나쯤은 있다.

설사 8가지 계획을 세웠다고 해도 지극히 평범하고 현실적으로 가능한 것만 세우는 사람들도 있다. 전혀 도전적이지 않은, 아주 단순하고 간단한 것 위주로 말이다. 다이어트, 운동, 연애, 영어 공부와 같은 것들이다. 그런 계획은 아무 의미가 없다. 이런 포괄적이고 단순한 계획은 중도 포기할 확률이 크다. 이보다 좀 더 원대하고 구체적인 꿈을 꿔야 한다. 하지만 그런 꿈들 앞에서는 모두들 주춤한다. 이 모든 건 꿈이 가져올 결과를 두려워하는 마음 때문이다.

꿈을 두려워하는 사람은 스스로 꿈을 억압하기 때문에 성공할 수 없다. 이들은 오히려 꿈의 '추종자'가 아닌 꿈을 없애는 '저격수'가

되어 자신의 꿈은 물론 다른 사람의 꿈까지 방해하고는 한다. 그들은 배우자나 가족, 자녀나 친구가 부푼 마음을 안고 눈을 반짝이며 꿈 얘기를 하면 그 즉시 이렇게 말한다.

"그게 말이 된다고 생각해? 쓸데없는 생각 말고 지금 하는 일에나 집중해!" 그들은 자신뿐 아니라 주변 사람들까지 두려움의 피해자로 만들어 버린다.

② 실패를 두려워하는 마음

두 번째로 우리를 방해하는 것은 바로 실천하기를 두려워하는 마음이다. 꿈을 꾸고 구체적으로 계획까지 세웠지만 실제로 행동으로 옮기는 단계에서 의구심을 품는 것이다.

'실패하면 어쩌지?'

'거절당하면 어쩌지?'

'체면이 구겨지면 어쩌지?'

이렇듯 실패를 두려워하는 마음 때문에 실제로 행동에 옮기기 위한 첫걸음을 떼지 못하는 사람이 많다. 결과는 당연하다. 실패할 수밖에 없다.

③ 거절당하는 걸 두려워하는 마음

인간의 성장과 성공을 향한 여정은 끝없이 찾아드는 두려움을 이겨 내는 과정과도 같다. 꿈꾸는 걸 두려워하는 첫 번째 난관을 넘어야만 자신이 진정으로 원하는 것을 찾아 인생을 계획할 수 있다. 그리고 실패를 두려워하는 마음을 이겨 내야만 비로소 계획을 실천할 수 있다. 이 실천의 과정에서는 일부 성과와 결과가 나타난다. 그래서 소소한 성공을 하나씩 맛보게 되는데 이때 불현듯 세 번째 두려움이 찾아온다.

'모난 돌이 정 맞는다고 사람들에게 미움받진 않을까?'
'내가 너무 잘하면 사람들이 날 싫어하고 질투하진 않을까?'
'혼자 외롭게 지내야 하는 건 아닐까?'

이러한 두려움 탓에 어느 정도 소기의 성과를 거두는 순간 갑자기 모든 계획을 중단하고 꿈이 없는 사람처럼 살아가기도 한다.

④ 갈등을 두려워하는 마음

앞서 얘기한 세 가지 두려움을 성공적으로 극복하면 원하던 결과들이 하나둘 눈앞에 나타나기 시작하면서 본인이 속한 영역에서 어느 정도 인정을 받게 된다. 그런데 거기서 한 단계 더 성장하고 싶다면 충돌이나 갈등, 도전과 변화에 맞서야 한다.

그렇지만 안타깝게도 너무 많은 사람이 충돌과 갈등이 두려워 걸음을 멈춘다. 그들은 자신을 둘러싼 갈등과 마찰로 인해 원래 뭘 하고 싶었는지, 애당초 어떤 꿈을 꾸고 있었는지 까맣게 잊어버린다. 그 대신에 포기나 회피를 선택하고 심지어 꿈을 꾸지 않았던 예전의 삶으로 돌아가 버리기도 한다.

이렇듯 성공을 향해 나아가는 여정에서 우리는 이 두려움의 탈을 쓴 '좀비'를 피해 가기 어렵다. 그렇다면 이 어려움을 어떻게 극복할 수 있을까? 가장 효과적인 방법은 '감독식 마인드'다. '감독식 마인드'란 모든 포커스를 최종 목표에 집중하는 것이다.

야구의 경우 시즌 목표의 승률을 7할로 잡았다면 모든 포커스를 거기에 맞추어 훈련을 진행한다. 그러면 중간에 문득문득 찾아오는 두려움을 비껴가거나 뛰어넘을 수 있다. 이렇게 해야만 우리는 꿈을 향해 한 걸음씩 전진할 수 있는 것이다.

예전에 쿤밍에서 진행했던 강의에서 이 얘기를 했더니 수상생 한 명이 질문을 던졌다.

"그런 두려움을 이겨 낸다면야 가장 좋겠지요. 그런데 그걸 피해 가고 비켜 간다는 말은 무슨 뜻인가요?"

개인적으로 나는 그 두려움들과 애써서 '힘겨루기'를 하지 않아도 된다는 생각이다. 보통 어떤 문제에 집중하면 집중할수록 문제는 더 많아진다. 그러면 처음에 내가 뭘 하려고 했었는지 망각한 채 오로지 그 문제를 해결하려고만 하는 딜레마에 빠진다. 하지만 기억하라. 우리는 자꾸만, 계속해서 자신에게 물어보아야 한다. '내가 하려고 했던 게 뭐지?', '내가 원하는 게 뭐지?' 자신이 하고 싶은 것이 무엇인지, 목표가 무엇인지 정확히 알면 그런 문제들과 힘겹게 싸우지 않는다. 다시 말해 당신이 최종적으로 도달해야 할 목표, 결승점에 포커스를 맞추면 중간중간에 마주하는 장애물들은 자연스럽게 피해 갈 수 있다.

쉬운 이해를 돕기 위해 예를 들어 보자. 차를 몰고 여행을 가는 길이다. 그런데 갑자기 도로 중간에 승용차만 한 바위 하나가 떡하니 버티고 있는 걸 보게 되었다. 이때 차에서 내려 이 바위를 치우려고 하면 움직이지도 않을뿐더러 애먼 힘만 쓰게 된다. 만일 그게 바위가 아니라 산이라면 상황은 더 심각하다. 물론 옛날이야기에 나오는 우공처럼 지게에 돌멩이를 싣고 꾸준히, 쉬지 않고 내다 버리면 가능할지도 모른다. "내가 못하면 내 자식이 하면 되고, 내 자식이 못하면 손주가 하면 될 것 아니오?" 이런 생각이면 못할 리 없겠지만, 이것을 위해 대체 얼마나 많은 에너지를 쏟아야 한단 말인가. 인생은 짧고 할 일은 많다. 삶의 에너지를 그 두려움과 문제를 해결하는 데 사용하는 게 정말 당신이 원하는 결과일까?

단단한 삶으로 이끄는 성공 법칙

우리가 세상에 온 이유는 '산'을 옮기기 위함이 아니다. 꿈쩍도 하지 않는 산을 옮기는 것보다는 나 자신을 바꾸는 게 훨씬 쉽다. 문제를, 두려움을 잘 피해 가면 모든 시선과 에너지를 최종 목표에 집중할 수 있기 때문에 많은 방법을 시도할 수 있다. 내가 진정으로 원하는 것에 생각을 집중하고 하기 싫은 것, 마음이 불편한 것에 집중하지 않는 게 바로 '감독식 마인드'다. 전통적인 과거의 사고방식에 따르면 이런 상황이 생겼을 때는 무조건 문제를 해결하기 위해 애썼다. 어떻게든 당장의 문제를 해결하기 위해 갖은 방법을 동원했고 그것이 해결되기 전에는 다음 단계로 나아가지 않았다.

그러나 '감독식 마인드'는 내가 하기 싫은 일이 아니라 궁극적으로 내가 하고 싶은 일에 집중하는 것이다. 사실 이 세상에 우리가 하기 싫은 것, 피하고 싶은 일은 너무나도 많다. 고통과 실패, 남들의 비웃음과 거절, 좌절이나 슬픔, 내 자녀의 고통, 사회의 부정부패…. 하지만 안타깝게도 우리가 사는 세상은 내 의지와 생각대로 돌아가지 않는다.

사람의 힘은 한계가 있다. 만일 그 유한한 에너지와 시간을 '궁극적으로 내가 하고 싶은 것'에 집중한다면 많은 문제가 더 이상 문제로 보이지 않는다. 그런데 그 시간과 에너지를 '하기 싫은 일'에 쏟아부으면 결국 우리는 고통과 절망에 사로잡힐 것이며 심지어 아무것도 해낸 것 없이 인생을 마감하게 될지도 모른다.

어떤 마음에
먹이를
주고 있는가

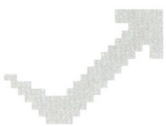

북아메리카 남동부에 거주하는 인디언 체로키족은 자식과 손주들에게 성공에 관한 지혜를 자주 가르친다. 하루는 조용히 깊은 생각에 잠긴 할아버지를 보고 손자가 다가와 뭘 하고 있는지 물었다.

"내 마음 깊은 곳에서 참혹한 전쟁이 일어나는 중이란다. 이 전쟁은 두 늑대 사이의 싸움이지. 한 마리는 공포와 분노, 슬픔과 탐욕, 교만과 원망, 열등감 같은 부정의 편이고 나머지 한 마리는 기쁨과 관용, 긍정과 감사와 같은 긍정의 편이란다. 그런데 이런 전쟁은 나뿐만이 아니라 너의 마음속에서도 똑같이 일어난단다."

할아버지의 이야기를 가만히 듣고 있던 손자가 물었다.

"그럼 어떤 늑대가 더 힘이 세요?"

"그야 네가 더 사랑하고 먹이를 더 많이 주는 늑대가 힘이 세지!"

사실 우리 마음속에도 똑같이 두 마리의 늑대가 있다. 하나는 우리가 꿈을 이룰 수 있게 긍정적인 방향으로 이끌어 주는 늑대이며 나머지 하나는 나쁜 습관과 두려움 등 부정적인 정서를 지닌 늑대로 종종 우리를 무력하게 만든다. 평소에 당신이 어떤 말을 하고 어떤 생각을 하며 사는지에 따라 두 늑대의 힘이 달라진다.

그럼 당신도 당연히 '긍정 늑대'에게 더 많은 먹이와 사랑을 주고 싶을 것이다. 어떻게 하면 될까? 다음에 소개하는 다섯 가지 질문이 여러분에게 도움을 줄 수 있을 것이다. 이 질문을 잘 활용해 '긍정 늑대'의 힘을 조금씩 키우다 보면 어느새 '부정 늑대'는 굶주림으로 자취를 감추고 사라질 것이다.

질문 1) "내가 하고 싶은 건 뭘까?"

어떤 어려움을 만나든, 어떤 난관에 부딪히든, 자신에게 이 질문을 먼저 해 보자.

당신이 진짜 하고 싶은 게 무엇인지 스스로 자꾸 질문을 하다 보면 하기 싫은 일이나 문제에 몰려 있던 에너지를 긍정의 방향으로 옮길 수 있다. 난관이나 장애물, 문제나 어려움을 만났을 때 스스로 '지금 가장 하고 싶은 것'이 무엇인지 묻고, 마음의 소리에 귀를 기울이면 자신을 괴롭히는 '좀비'로부터 멀어질 수 있다. 그 순간부터 꿈을 이루기 위한 노력이 시작되며, 긍정적인 힘을 얻을 것이다.

질문 2) "어떻게 하면 내가 원하는 걸 얻을 수 있을까?"

생각만 하고 행동하지 않으면 아무런 의미가 없다. 두 번째 질문을 통해 우리는 진정한 어려움에서 탈출하여, 더는 누군가를 질책하거나 원망하지 않을 수 있다. 당신은 이제 자신이 원하는 결과를 얻기 위해 뭘 어떻게 해야 하는지 구체적으로 고민하게 될 것이며 계획을 세우고 실천하게 될 것이다.

질문 3) "지금 이 일이 나에게 도움이 될까?"

이 질문을 하는 이유가 무엇일까? 많은 사람이 계획을 실천하는 과정에서 꿈을 이루고 싶다는 긍정적인 생각을 하지만, 한편으로는 계속 '부정 늑대'에게 먹이를 주면서 피해 의식과 보상 심리, 통제와 억압에 사로잡히기 때문이다. 그래서 우리는 수시로 자신을 점검해야 한다. 지금 하는 일이 내가 원하는 목표 및 꿈과 일치하는지 살펴보는 것이다. 일치한다면 지속하는 게 맞지만 그렇지 않으면 멈춰야 한다. 사람은 전진하는 것도 중요하지만 필요할 때는 멈출 줄도 알아야 한다.

질문 4) "나는 지금 어떤 노력을 하고 있는가?"

원하는 것만 생각하고 그것을 위해 노력하지 않는 사람들이 있다. 내가 원하는 것을 얻으려면 때로는 희생도 필요하고 대가도 치러야 한다. 그렇지 않으면 영영 내 꿈을 이룰 수 없을지도 모른다. 그러므로 자신이 원하는 꿈과 목표를 위해 지금 어떤 노력과 희생을 하고 있는지 스스로 물어보고 돌아보자.

질문 5) "어떻게 지속할 수 있을까?"

어떤 일을 결심하고 2~3일 정도 열정을 유지하는 건 쉽다. 그러나 그걸 오랜 시간, 꾸준히 유지하는 건 결코 쉬운 일이 아니다. 하지만 꿈을 이루는 유일하면서도 가장 효과적인 방법은 끊임없이 노력하며 버텨 내는 것이다. 다음의 기도문이 여러분에게 위안이 되었으면 한다.

바꿀 수 없는 것을 받아들이는 평온함과

바꿀 수 있는 것을 변화시킬 수 있는 용기를 주시고

이 둘의 차이를 알 수 있는 지혜를 주옵소서.

모든
순간은
흐른다

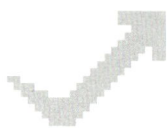

예전에 중국에서 인기 있던 《주말 문학週末文㴑》이라는 잡지에 소개된 글이다.

1954년, 브라질 대부분의 국민은 자국 대표팀이 월드컵 우승의 주인공이 될 수 있을 거라 확신했다. 하지만 한 치 앞도 내다보기 힘든 것이 바로 세상일이다. 궂은 날씨를 예측하기 어렵듯 어쩌면 축구 경기도 예측하기 어렵다는 데 그 매력이 있지 않을까. 준결승전에서 브라질은 예상과 달리 프랑스에 패배하면서 빛나는 우승컵을 손에 넣지 못했다. 축구가 국가의 영혼과 같은 존재라는 건 누구보다 대표팀 선수들이 잘 알고 있었다. 그들은 후회와 자책에 시달렸다. 고국에 돌아가 부모님 얼굴을 볼 면목이 없었다. 분명히 축구 팬들의 모진 질타와 비난, 비웃음에 시달릴 것이라 생각했다.

브라질로 돌아가는 비행기가 이륙하자 선수들은 불안에 시달렸다. 하늘 위에서도 좌불안석이었다. 그런데 착륙하고 입국장에 들어선 그들 눈앞에 전혀 예상하지 못했던 장면이 펼쳐졌다. 브라질 대통령과 2만여 명의 축구 팬들이 그들의 귀국을 환영하기 위해 마중 나온 것이었다. 그중에서도 가장 눈에 띄는 건 군중들 사이에 펼쳐진 현수막이었다. 현수막에는 이런 글귀가 적혀 있었다.

이 또한 지나가리라!

선수들은 약속이나 한 듯 고개를 떨구고 눈물을 흘렸다. 대통령과 팬들은 아무런 말도 하지 않고 묵묵히 공항을 떠나는 선수들을 배웅했다.

그로부터 4년 후, 브라질 대표팀은 사람들의 기대에 부응해 월드컵 우승컵을 손에 넣을 수 있었나. 그들을 태운 전용기가 브라질 국경에 진입할 때는 16대의 제트 전투기가 하늘길을 호위했다. 공항에는 그들을 환영하기 위해 나온 인파가 3만여 명에 달했다. 공항에서 시내 광장까지 약 20km에 달하는 구간에 카퍼레이드가 이뤄질 때는 찻길 양쪽 길가에 모인 사람이 100만 명이 넘었다. 사람들은 금의환향한 대표팀을 열렬히 환영했다. 그런데 그곳에는 4년 전 그 현수막이 다시 눈에 띄었다. '이 또한 지나가리라'라는 문구였다. 누가 대체 이 기쁜 날 저런 문구를 내걸었을까? 한편으로는 괘씸한 생각마저 들었다.

훗날 당시 대표팀의 주장을 맡았던 선수는 수소문 끝에 현수막에 적힌 그 문구를 썼던 노인을 찾아갔다. 그는 당시 그 문구를 썼던 이유가 무엇이었는지, 그 의미가 무엇인지를 물었다. 그러자 노인은 온화한 미소를 지으며 한 이야기를 들려주었다.

고대 이스라엘의 왕이었던 다윗은 출전하는 전쟁마다 승리를 거두어 민중에게 두터운 신뢰와 사랑, 그리고 존경을 받았다. 그러나 그는 기쁘지 않았다. 그 영광이 금방이라도 끝나 버릴 것 같은 불안에 날마다 시달려야 했고, 혹시나 자신이 교만에 빠져 죄악을 저지를까 두려웠기 때문이다. 이에 그는 궁중 세공사를 불러 다음과 같이 지시했다.

"나를 위해 아름다운 반지 하나를 만들고 거기에 글귀 하나를 새겨 넣어라. 그 글귀는 내가 전쟁에서 큰 승리를 거두어 기쁨을 억제하지 못할 때 감정을 조절할 수 있게 하고, 동시에 내가 절망에 빠졌을 때 내게 기운을 북돋워 줄 수 있어야 한다."

하지만 아무리 고민을 해 봐도 적당한 글귀를 찾을 수 없었던 세공사는 지혜롭기로 유명했던 왕자 솔로몬을 찾아가 조언을 구했다. 그러자 잠시 생각에 잠겨있던 솔로몬이 이렇게 말했다.

"이 또한 지나가리라."
"This too shall pass away."

아울러 솔로몬은 세공사에게 당부했다.

"왕께 반지를 드릴 때 절대 그 문구가 새겨진 보석을 함부로 떼어내서는 안 된다고 아뢰어라. 그렇지 않으면 그 영험함이 사라질 것이다."

세공사는 솔로몬이 시킨 대로 완성된 반지를 다윗 왕에게 바치며, 절대 문구가 적힌 보석을 떼어 내지 말 것을 간곡히 요청했다.

그리고 얼마 지나지 않아 전쟁이 일어났다. 다윗 왕과 병사들은 전쟁에서 점점 열세에 몰리면서 사면초가의 위기에 빠지게 되었다. 사방에 적들이 둘러싸여 있어 자칫 잘못했다간 포로로 잡혀가기 직전이었다. 왕은 강가 갈대숲 사이에 몸을 숨긴 뒤 고여 있던 빗물로 갈증을 해결하다가 문득 물에 비친 자신의 모습을 보고는 갑자기 몰려드는 절망감에 휩싸였다. 누더기와 다름없을 정도로 망가진 전투복과 헝클어진 머리를 보니 과거 국왕의 자리에서 누렸던 영광이 신기루처럼 느껴졌다.

죽음의 길목에 서 있던 그의 시야에 불현듯이 세공사가 만든 반지가 들어왔다. 어쩌면 지금 당장 자신을 위기에서 구할 문구가 거기 새겨져 있을지도 모른다는 막연한 생각이 들었다. 그는 보석에 새겨진 문구를 읽었다. '이 또한 지나가리라.' 갑자기 희망의 빛이 조금씩 비추는 듯했다. 현재의 치욕과 모욕은 얼마든지 이겨 낼 수 있을 것 같은 용기가 샘솟았다. 이에 그는 와신상담의 마음으로 다시 병사들을 이끌고 일어나 결국 적들을 물리치고 승리하여 고국으로 돌아왔다. 그가 돌아와 가장 먼저 한 일은 그 문구를 왕위의 보좌에 새겨 넣은 것이었다.

실패는 지나간다. 영원한 순간은 없다.

가슴을 펴고 고개를 들자.

실패는 사람을 낙심하게 한다. 슬픔과 비통함, 절망의 구렁텅이로 비정하게 내몰아치기도 한다. 하지만 우리의 삶은 계속되어야 한다. 실패의 그림자는 시간이 흐르면서 조금씩 희미해진다. 그러니 설령 지금 실패했다고 해도 너무 두려워하지 말자. 진짜 무서운 건 실패가 아니라 당신이 영영 용기와 자신감을 잃어버리는 것이다. 지금부터 다시 시작하면 된다. 어깨에 힘을 주고 가슴을 곧게 펴자.

단단한 삶으로 이끄는 성공 법칙

성공 역시 지나간다.

그러니 겸손함과 신중함을 잃지 말아야 한다.

성공이 가져오는 행복감과 즐거움은 우리 내면 깊은 곳에 저장되어 수시로 들춰 보고 당시를 회상하며 기뻐할 수 있다. 물론 성공이 나쁜 건 아니다. 그러나 거기에 너무 심취해 있어서는 안 된다. 그렇지 않으면 자아도취로 성장을 향해 가는 발걸음을 멈추게 되고 의지가 나약해진다. 과도한 행복감은 당신의 모든 의지와 의욕을 인정사정없이 앗아간다. 그러니 설령 지금 성공했다 할지라도 절대 일희일비하지 말자. 모든 건 지나가기 마련이다. 걸음을 멈추면 길 끝에 있는 아름다운 무지개를 볼 수 없다. 당신이 할 수 있는 유일한 일은 겸손하게 계속해서 앞으로 나아가는 것이며 나만의 길을 개척해 나가는 것이다.

모든 것은 지나간다. 그래서 평정심을 유지하는 게 중요하다. 진정한 성공은 세상의 모든 것은 영원하지 않다는 걸 깨닫는 것이다. 가끔의 실패로 낙담하거나 고꾸라지지 말자. 또 삼깐의 성공으로 득의양양해서 앞으로 해야 할 일을 까맣게 잊어버려서도 안 된다.

인생에 정답이 없는 것처럼 정해진 성공과 실패란 없다. 그저 계속해서 앞으로 나아가는 발걸음만 있을 뿐이다. 당신이 무슨 일을 겪었든, 얼마나 많이 상심하고 절망했든 그 모든 건 지나간다. 그리고 그것은 지나간 당신의 역사가 될 것이다. 그러니 주변의 모든 것을 소중하게 생각하고 지금 현재의 삶을 아끼고 사랑하고 살아 내야만 한다. 그러려면 평정심이 필요하다.

"모든 것은 합하여 선을 이룬다"라는 말이 있다. 실패를 겪은 사람은 실패 속에서 처절한 고통과 아픔을 느낀다. 그것을 마음 깊이 새기면 다시는 같은 실패를 반복하지 않는다. 성공을 경험한 사람도 성공의 아름다웠던 기억을 마음에 새기면 그것을 발판으로 더 열심히 정진할 수 있다. 사실 성공이든 실패든, 행복이든 고통이든 우리에게 일어난 모든 일은 시간이 흐르면서 자연스레 사라진다. 역사의 수레바퀴가 계속 앞으로 굴러가는 걸 막을 수 있는 사람은 아무도 없다. 그런 의미에서 보면 이 세상에는 영원한 실패도, 영원한 성공도 존재하지 않는다. 이 우주의 모든 것은 그저 시간이 가는 대로 따라 흘러간다.

우리가 조절하고 바꿀 수 있는 유일한 한 가지는 바로 나의 내면이다. 조금 더 여유롭게 세상을 살아 보자. 해마다 바뀌는 계절과 바람의 냄새를 느껴 보자. 꽃이 피고 시들고, 하늘의 구름이 변하는 걸 보면서 조금 더 인생을 즐겨 보자.

단단한 삶으로 이끄는 성공 법칙

인생은 파도와 같아서 때로는 높게,

또 때로는 낮고 잔잔하게 찰랑인다.

하지만 확실한 한 가지는

그 또한 지나간다는 것이다.

고난은
누구에게나
온다

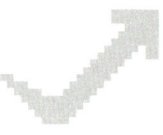

"선생님, 저는 가끔 인생은 리허설 없는 드라마라는 생각이 들어요. 대본을 미리 읽어 볼 수도 없고 배역도 바꿀 수 없잖아요. 그냥 할 수 있는 최선을 다해 본인이 원하는 인생을 사는 건데, 사실 그마저도 다 이룰 수 있는 게 아니고요."

"네, 맞아요."

"선생님도 힘들었던 적이 있으셨나요? 왠지 지금까지 큰 어려움 없이 지내셨을 것 같아요."

얼마 전 한 수강생과 대화를 나누다가 나는 그의 마지막 질문에 확실히 '아니'라고 대답했다.

순탄한 인생이란 없다. 타이태닉호처럼 초호화 유람선도 예상치 못한 빙산에 부딪혀 바다 밑으로 침몰하는 사고가 발생했다. 하물며 인생이라는 길고 긴 항해의 여정이 어찌 순탄하게 흘러갈 수 있으랴. "집집마다 골치 아픈 일은 하나씩 있다"라는 옛말처럼 구체적인 상황이 조금씩 다를 뿐, 모든 사람은 저마다의 걱정과 고민, 아픔이 있기 마련이다.

역경을 극복해 성공한 사례는 얼마든지 있다. 그중에서도 내가 강의 때 교육생들에게 자주 들려주는 이야기를 여러분과 공유하려고 한다. 부디 여러분에게도 많은 귀감이 되었으면 한다.

사마천司馬遷은 42세가 돼서야 『사기史記』를 집필하기 시작해 60세에 완성했다. 장장 18년 동안 피와 땀을 쏟아부은 결과였다. 그가 20세부터 각종 사료를 수집하고 현지답사 등을 다니며 진행했던 작업의 양을 모두 합친다면 『사기』는 그의 40년 인생을 몽땅 들이부은 것과 같다. 그런 그의 성공이, 그의 인생이 정말 탄탄대로였다고 말할 수 있을까?

진나라의 서예가 왕헌지王獻之는 비가 오나 바람이 부나 어려운 환경에서도 서법을 익히고 연습했다. 서예 분야의 최고가 되겠다는 일념 하나로 온갖 고난을 감수한 끝에 마침내 중국의 제1대 서예가로 성장할 수 있었다.

명대 의학자 이시진時珍의 인생도 순탄치 않았다. 그는 31년 동안 800여 권의 책을 읽었고 수천만 자의 글자를 연습했다. 전국 각지를 여행하며 닥치는 대로 수천만 개의 민간요법과 처방을 수집했다. 약초의 해독 효과를 이해하기 위해 목숨을 걸고 일부 치명적인 독성이 있는 약초를 복용하기도 했다. 수백 번의 실전과 실패를 거듭한 끝에 마침내 그는 중국 의약학의 경전이라 불리는『본초강목草綱目』을 완성했다.

진화론을 연구한 영국의 생물학자 다윈은『종의 기원』을 쓰는 데 22년의 세월을 쏟았다. 프랑스의 물리학자 퀴리 부인은 12년 동안 무수히 많은 좌절과 실패를 경험하면서도 포기하지 않은 끝에 수십 톤의 광물에서 방사능의 주요 물질인 라듐을 일부 추출하는 데 성공했다.

예나 지금이나 끊임없는 좌절과 그것을 극복하는 과정은 성공을 향해 나아가는 필수 과정이다. 또 이것은 우리 모두가 가져야 할 훌륭한 인품과 성품이다. 찬란한 성공은 성실하게 노력하며 포기하지 않고 계속해서 시도하고 도전하는 자에게 주어진다.

성공은 쉽게 주어지는 것이 아니다. 그렇다면 성공으로 나아가는 길목 곳곳에 놓인 장애물은 어떻게 잘 극복할 수 있을까?

• 좌절과 실패 담담히 받아들이기

세상에 쉽게 성공하는 사람은 단 한 명도 없다. 좌절과 실패를 딛고 이겨 내는 건 성공 스토리에서는 아주 흔한, 지극히 평범한 사건 중 하나다. 그러니 마음을 가다듬고 평정심을 유지하면서 상황을 받아들여야 한다. 심지어 좌절이나 역경을 오히려 행운이라고 생각하는 것도 좋다. 이로써 우리의 몸과 마음이 한 단계 성장할 수 있고, 예전과는 다른 시각과 생각을 가지게 되어 더욱 강인하고 멋진 사람으로 변할 수 있기 때문이다.

성공으로 나아가는 길목에서 어려움을 만나더라도 실망하거나 당황하지 말자. 그렇다고 어둠의 그림자가 영영 나를 덮어 버리도록 방관하지도 말자. 그건 그저 당신이 얼마만큼 능력 있는 사람인지 검증하는 일종의 테스트와도 같은 것이다. 매번 어려움을 극복해 낼 때마다 조금씩 더 단단해지는 나를 발견하고 또 다른 희열을 느낄 것이다. 『서유기西遊記』에 등장하는 손오공도 9,981번의 난관을 거쳐 비로소 진경을 손에 넣었다. 사실 해 본 사람은 알겠지만 이렇듯 어렵게 얻은 성공이야말로 더욱 값지고 뿌듯하다.

• 생각은 많이, 불평은 적게

사람의 신념은 눈에 보이지는 않지만 매우 강력한 힘을 지닌 일종의 '내면 암시'와도 같다. 긍정적인 내면 암시는 우리가 성공을 얻을 수 있게 적극적으로 도와주지만, 부정적인 심리와 마인드는 모든 일을 그르친다. 심지어 스스로 성공을 방해하고 돌멩이를 던지는 결과를 낳기도 한다. 성공을 향해 성실하게, 끊임없이 노력하는 것도 중요하지만 냉정하고 현명한 판단과 분석도 매우 중요하다. 자신이 걸어온 길, 실천했던 일 등을 정기적으로 분석하고 비교해보는 것이다. 이로써 현재 자신이 잘하고 있는지 돌아볼 수 있으며 수정하고 보완해야 할 부분은 무엇인지 생각할 수 있다.

지나친 불평과 원망, 반항심 역시 성공을 방해하는 요소다. 적당한 불평이나 원망은 어느 정도 스트레스를 해소하고 부정적인 심리를 완화하는 데 도움이 되지만, 정도가 지나치면 오히려 역효과를 불러온다. 늘 불평과 원망을 입에 달고 사는 사람은 부정적인 정서에 압도되어 점차 이성적이고 긍정적인 판단을 할 수 없게 된다. 그 결과 자꾸만 잘못된 선택을 내려서 더욱 부정적이고 염세적인 사람으로 변하는 악순환을 낳는다. 그러므로 성공하고 싶다면 굳건한 신념을 유지하는 동시에 긍정적인 생각은 많이, 불평불만은 적게 하는 것이 좋다.

· 목표는 정확하게, 마음 상태와 대처 방안은 탄력적으로

세상에 완벽한 사람은 없다. 모든 방면에서 뛰어난 성공을 거둘 수 없는 건 어쩌면 당연한 일이다. 그래서 목표를 정확히 세우는 것이 매우 중요하다. 목표는 개인의 관심사나 특기 및 장점, 향후의 커리어나 개인 및 사회의 영향 등과 관련 있는 것이 좋다. 그런 목표가 실현되기 용이하고 더 의미 있기 때문이다. 그런데 목표를 확립한 뒤 계획을 실천할 때 주의해야 할 점이 하나 있다. 우리 주변 환경은 수시로 변하기 때문에 목표에 가까워지는 과정에서 실제 상황과 개인의 정서, 그리고 대처 방안을 탄력적으로 조절할 수 있어야 한다.

앞에서 여러 번 강조했던 것처럼 성공으로 가는 길은 순탄치 않다. 지름길도 없다. 성공에 도달하는 유일한 방법은 목표를 세운 다음 그것을 성실하고 끈질기게 실천하는 것뿐이다. 다른 사람의 성공을 부러워할 필요도 없다. 그 사람들의 성과에 배 아파하지도 말자. 어쩌면 당신은 대중에게 보이는 화려함에만 주목했을지 모른다. 그들이 그 성공을 거두기 위해 얼마나 많은 피와 땀, 눈물을 흘렸는지 알아야 한다. 지금부터라도 성공을 향한 목표를 하나씩, 차근차근 실천해 보자. 중간에 풍랑을 만나도 수저앉지 말자. 길어봐야 몇십 년인 우리의 인생을 조금 더 멋지게, 가치 있게, 아름답게 살아 보는 건 어떨까?

세상을 바꾼 건 바로 사랑이었다

어떤 시련은 우리를 성장하게 하고 또 어떤 시련은 우리를 순금같이 단련하지만, 어떤 시련은 너무나 잔혹해서 가끔 모든 의욕을 앗아가 버리기도 한다. 하지만 어찌 되었든 삶은 계속되어야 한다. '피할 수 없다면 즐기라'는 말도 있지 않은가. 즐기는 게 어렵다면 현실을 직시하고 하나씩, 단계별로 시련의 계단을 넘어가면 된다.

한 가지 확실한 것은 상황이 어떻든 간에 세상의 모든 시련과 고통에는 끝이 있고, 우리 모두에게는 그것을 극복할 힘이 있다는 점이다. 이 사실을 꼭 믿어야만 한다. 조급해하지 말자. 단숨에 모든 어려움을 타개할 수 있다는 생각은 헛된 꿈이다. 그런 생각은 오히려 일을 그르칠 뿐이다. 작은 것부터 하나씩 천천히, 실행 가능한 것부터 해 나가면 된다. 아무리 부당한 대우를 받았을지라도, 어떤 의심을 받을지라도 냉정하게, 이성적으로 자신의 신념을 올곧게 유지해야 한다. 마더 테레사는 꿈을 포기하지 않은 덕분에 가장 평범하면서도 가장 위대한 사랑을 세상 곳곳에 전할 수 있었다.

인류의 어머니라고 불리는 마더 테레사 수녀는 세계적인 자선가다. 그녀는 인도 천주교 수녀회인 사랑의 선교회를 창시하고 세계적인 규모의 자선 단체 네트워크를 수립했다. 그녀를 향한 존경과 사랑, 찬사는 그녀가 세상을 떠난 후 지금까지도 끊이지 않는다.

구(舊)유고슬라비아 출신인 그녀는 수녀가 된 후 세계에서 빈민굴이 가장 많고 더러운 곳으로 유명한 곳, 인도의 네루 전 총리조차 '악몽의 도시'라고 불렀던 콜카타로 향했다. 그리고 그중에서도 가장 힘들고 가난하고 소외당한 사람들 속에 들어가 도움이 절실히 필요한 이들을 보살펴 주었다. 또 그녀는 성 마리아 학교를 세워 현지 아이들이 정식 교육을 받을 수 있도록 지원했고, 미국 의료 기관에서 기본적인 의학 지식을 공부하여 환자들을 치료해 주기도 했다. 그녀는 길에서 죽어 가는 사람들 곁에서 손을 내밀어 주었고, 마지막 가는 길에 따스한 위로와 신의 축복을 선물했다. 덕분에 그들은 잔인하고 힘겨웠던 삶을 웃으며 마감할 수 있었다. 그녀는 나병 환자들의 얼굴에 입을 맞추었고 그들을 위한 후원 행사를 열기도 했다. 캄보디아 내전 중에 폭탄 투하로 두 다리를 모두 잃은 사람들에게 휠체어를 선물해 그들이 다시 살아갈 수 있도록 힘과 희망을 주기도 했다.

1952년부터 그녀는 콜카타 거리에서 죽음의 문턱에 있는 사람들을 찾아가 평안하게 임종을 맞이할 수 있도록 호스피스 활동을 했다. 이로써 그녀와 수도원의 수녀들을 통해 죽음 직전에 사랑과 위로를 받은 길거리의 사람들이 약 400만 명에 달했다. 그녀는 늘 함께하는 봉사자들에게 이렇게 말했다.

"우리가 하는 일은 우주의 점 하나에 지나지 않습니다. 하지만 한 가지 기억해야 할 게 있습니다. 이 세상에 사랑과 관심이 필요 없는 사람은 단 한 명도 없습니다. 늘 서로에게 미소를 보내세요. 특별히 힘들고 어려울 때 더욱 미소를 지어야 합니다."

1979년, 노벨 평화상을 수상한 그녀가 했던 수락 연설은 지금까지도 세상 사람들에게 큰 감명을 주고 있다.

"가난한 사람은 특별한 사람들입니다. 어느 날 저녁, 저와 수녀들은 함께 외출했다가 길거리에서 네 명의 노숙인을 만났습니다. 그중 한 명은 생명이 아주 위급한 상황이었습니다. 저와 수녀들은 그들을 쉼터로 데려왔습니다. 세 명은 수녀들이 돌보기로 했고 임종을 앞둔 한 명은 특별히 제가 돌보기로 했지요. 저는 제가 그녀를 위해 할 수 있는 모든 것을 해 주었습니다. 그녀를 침대에 눕히자 얼굴에 미소를 띠었습니다. 그녀는 제 손을 꼭 잡은 채 연신 고맙다고 말했습니다. 그러고는 이내 숨을 거두었지요. 저는 생각했습니다. '만일 내가 그이였다면, 나는 뭐라고 했을까?' 답은 간단했어요. 저는 제가 얼마나 극심한 추위와 굶주림에 떨었는지, 제 삶이 얼마나 고통스럽고 지긋지긋했는지를 말했을 겁니다. 하지만 그녀는 제가 그녀에게 해 준 것보다 더 많은 것을 남기고 떠났습니다. 감사의 마음을 표현했으니까요. 눈을 감은 그녀는 웃는 얼굴이었습니다.

하수도에서 데려온 남성도 그랬습니다. 당시 그의 온몸은 구더기에 거의 파먹혀 제 기능을 못 하는 상태였습니다. 우리는 그를 수도원으로 데려와 정성을 다해 씻겨 주었습니다. 그가 했던 말이 아직도 가슴에 남아 있습니다. '생전에는 길에서 짐승 취급을 받았는데 죽을 때는 이렇게 사랑과 관심 속에서 천사 대접을 받네요.' 그런 말을 하다니 정말 멋지지 않나요? 그는 그렇게 세상을 떠나면서 그 누구도 원망하거나 저주하지 않았습니다. 그 어떤 것에도 욕심을 부리지 않았어요. 정말로 위대한 천사 같았죠. 예수님께서는 이렇게 말씀하셨습니다. '너희가 내 형제들 가운데 가장 작은 한 사람에게 해 준 것이 바로 나에게 해 준 것이다.'

저는 우리가 사회를 위해 봉사한다고 생각하지 않습니다. 사람들 눈에는 어쩌면 우리가 봉사자로 보일지 모르겠습니다만, 사실 우리는 그저 이 세상에 잠시 머물렀다 떠나는 순례자일 뿐입니다. 하루 24시간 동안 우리는 그리스도의 성체를 빌려 살아가고 있기 때문입니다. 저는 우리가 사는 세상, 그리고 가정에서는 칼이나 총, 폭탄 등으로 평화를 파괴하거나 쟁취하는 일이 없어야 한다고 생각합니다. 우리가 해야 할 일은 서로 단결하고 화합하고 사랑하는 것입니다. 그리고 평화와 즐거움을, 우리 영혼의 활력을 가족과 세상에 전하는 것이지요. 그러면 세상에 존재하는 모든 죄악을 능히 이겨 낼 수 있습니다.

이번에 받은 상금은 돌아갈 집이 없는 사람들의 보금자리를 마련하는 데 기부할 것입니다. 저는 사랑은 가정에서 출발한다고 믿습니다. 우리가 가난하고 소외당한 이들을 위해 보금자리를 마련해 준다면 그들 사이에 사랑이 싹틀 것입니다. 또 그들을 통해 그 사랑이 훨씬 더 많은 사람에게 전

파될 것입니다. 관용과 포용의 정신, 사랑을 통해 얻은 평안은 가난하고 소외당한 이들에게 더할 나위 없는 복음입니다. 우리는 먼저 우리 주변의 가난한 이들을 돌봐야 합니다. 그다음에 국가, 나아가 전 세계의 가난한 이들을 품을 수 있어야 합니다. (중략)

노숙인들은 자신이 아무에게도, 아무 곳에서도 필요치 않은 존재이며 그 누구에게도 사랑받지 못한다고 느낍니다. 그래서 공황과 불안에 빠지지요. 그런 뒤 사회에서 완전히 고립되고 버림받게 됩니다. 그들이 가장 두려워하는 것은 물질의 빈곤이 아닌 사랑의 빈곤입니다. 이러한 가난은 우리를 정말 슬프게 합니다. 그러니 우리는 서로에게 미소를 보내야 합니다. 일단 서로를 사랑하게 되면 상대를 위해 뭘 할 수 있을까 고민하게 됩니다."

1997년 9월, 테레사 수녀는 하나님 품으로 돌아갔다. 그녀의 장례는 콜카타에서 치러졌다. 인도 정부는 그녀의 장례를 국장으로 치렀으며 총리가 직접 빈소를 찾아 무릎을 꿇고 슬픔을 표했다. 온 나라가 이틀 동안 그녀의 죽음을 애도했고 수천만 명의 사람들이 쏟아붓는 폭우를 뚫고 길거리로 나와 눈물을 흘리며 그녀의 마지막 가는 길을 배웅했다.

우리는 그녀를 통해 진정한 사랑이 무엇인지 보았고 훌륭한 인성과 인품이 무엇인지 배웠다. 사람은 평생 수많은 고통과 비극, 예상하지 못한 사고와 어려움을 만난다. 그렇지만 마음속에 자신만의 신념과 꿈, 목표를 품고 포기하지 않는 사람은 그 어떤 실패와 어려움을 만나도 굴하지 않는

단단한 삶으로 이끄는 성공 법칙

다. 그들은 아름다운 미래가 곧 펼쳐질 것이라 믿는다. 그렇게 견디고 버티다 보면 어느새 꿈꾸던 미래와 행복이 눈앞에 성큼 다가와 있는 것을 발견한다.

다음은 테레사 수녀가 남긴 말이다. 소외된 사람들에게 베풀었던 그녀의 조건 없는 사랑과 선한 마음, 사명감으로 끝까지 꿈을 좇았던 삶이 당신에게도 귀감이 될 수 있길 바란다.

"사람들은 때로 믿을 수 없고, 앞뒤가 맞지 않고, 자기중심적입니다. 그래도 그들을 용서하십시오.

당신이 친절을 베풀면 사람들은 당신에게 숨은 의도가 있다고 비난할 것입니다. 그래도 친절을 베푸십시오.

당신이 어떤 일에서 성공하면 몇몇 가짜 친구와 몇몇 진짜 적을 갖게 될 것입니다. 그래도 성공하십시오.

당신이 정직하고 솔직하면 상처받기 쉬울 것입니다. 그래도 정직하고 솔직하십시오.

오늘 당신이 하는 좋은 일은 내일이면 잊힐 것입니다. 그래도 좋은 일을 하십시오.

당신이 가진 가장 좋은 것을 세상에 내어 준다고 해도 세상은 영원히 채워지지 않을 것입니다. 그래도 당신이 가진 가장 좋은 것을 이 세상에 내어 주십시오."

그래도 우리는 성공할 것이다

성공으로 가는 쉬운 길이란 없다. 고난과 좌절은 성공의 그림자처럼 항상 붙어 다닌다. 아무리 의지가 강할지라도, 아무리 올곧은 신념을 지녔을지라도 이런저런 장애물과 역경을 만나는 게 인생이다.

고난을 극복하라. 당신이 가진 지혜와 용기로 얼마든지 해낼 수 있다. 나를 괴롭히는 고통의 근원을 찾아 성공으로 가는 길의 발목을 붙잡는 요소를 제거하라. 한 번에 안 되면 두 번, 세 번 시도해 보고 그래도 안 되면 네 번, 다섯 번 시도하라. 나를 괴롭히는 그 고통의 근원이 다시는 고개를 들지 못할 때까지 그 싸움은 계속되어야 한다.

앞에서 배운 '성공으로 이끄는 다섯 가지 질문'을 수시로 활용하라. 당장의 문제에 무너지지 말고 고개를 들어 최종 목표에 포커스를 맞추어 보자. 그럼 해결 방법이 보일 것이다.

북아메리카 인디언 노인이 들려준 '늑대' 이야기를 떠올리며 평소 마음가짐을 수시로 점검해 보자.

성공의 기쁨을 만끽할 때도, 실패의 쓰디쓴 아픔을 겪을 때도 '이 또한 지나가리라'라는 마음을 되새기자.

마더 테레사의 말처럼 어떤 상황이든 상관없이 '그래도 나는 성공할 것이다.'

'열린 마인드'로
세상을 마주하라

PART 6

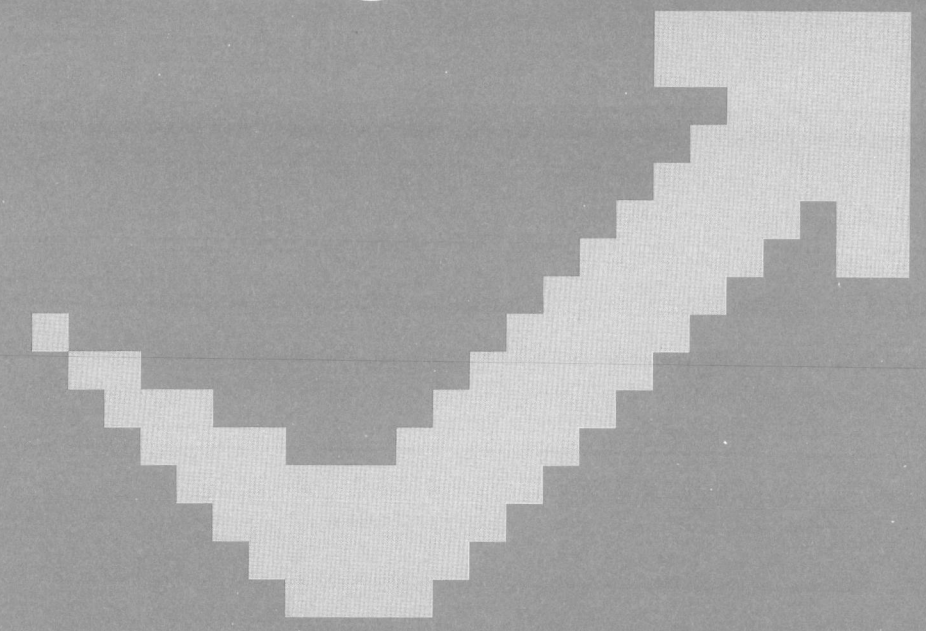

나는
반드시
해낼 수 있다

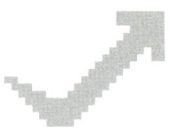

유치원 교사로 일하는 M 양이 내게 고민을 털어놓았다.

M 저는 애들이 정말 좋아요. 꿈에도 나올 정도라니까요. 천진한 아이들
이랑 있다 보면 모든 걱정과 근심이 말끔히 사라지는 기분이에요. 오죽하
면 친구들이 저더러 '그럴 바에는 네가 유치원을 차리는 게 어떻겠느냐'
고 말할 정도니까요. 그런데 그건 엄두가 나지 않아요.

나 그것도 좋은 방법이네요. 본인이 정말 좋아하고 잘하는 일을 하는 사
람에겐 무한한 영감이 솟아나기 마련이니까요. 더 탁월한 능력이 생기기
도 하고요.

M 하지만 그러다가 남의 자식들을 망치기라도 하면 어떡해요?

단단한 삶으로 이끄는 성공 법칙

나 왜 그런 부정적인 생각을 하세요?

M 저는 제가 한참 부족하다고 생각하거든요. 정말 훌륭한 교사는 가득 찬 물병 같아야 한다고 생각해요. 그래야 아이들 잔에 물을 나눠줄 수 있으니까요.

나 사람들이 성공하지 못하는 이유가 뭔지 알아요? 본인이 한참 부족하다고 생각하기 때문이에요. 마음의 여유는 먼저 생각에서 길러지는 거예요. 어느 정도 능력을 갖추면 도전에 직면할 용기도 생기죠. 처음엔 잘못해요. 당연하죠. 그럴지만 상관없어요. 다만 포기하지 않고 계속 시도하면 능력은 점점 향상돼요. 사람의 능력이라는 게 원래 문제를 직면하고 그걸 해결하는 과정에서 길러지거든요. 그런데 자꾸만 자신을 부족하다고, 모자란다고 생각하는 사람은 주저앉아서 시도조차 하지 않아요. 그러니 당연히 성장하지 못하죠.

성공한 사람과 그렇지 못한 사람의 가장 큰 차이는 '생각'에서 비롯된다.

성공하려면 우선 모든 조건을 갖춰야 한다는 깃은 전통적인 '닫힌 마인드'다. 이처럼 '닫힌 마인드'는 현상과 문제, 원인에 집중한다. 어떤 일을 진행하다가 문제가 생기면 '닫힌 마인드'는 이렇게 생각한다.

'어떻게 된 일인가?'

'왜 이런 문제들이 나타났는가?'

'누가 이 문제를 초래했는가?'

'누구의 책임인가?'

이렇듯 문제에 초점을 맞추다 보면 끝나지 않는 '전쟁'이 시작된다. 그리고 그 투쟁의 과정에서 엄청난 시간과 에너지를 소모하게 된다. 문제는 그러고도 목표를 이루지 못한다는 점이다.

반면 먼저 행동하고 시도하면 그에 필요한 능력을 자연스레 갖출 수 있다고 생각하는 것이 '열린 마인드'다. '열린 마인드'는 이렇게 생각한다.

'나는 어디를 향해 가는가?'

'나에게 이 목표는 얼마나 중요한가?'

'목표를 이루기 위해 이 어려움 속에서 내가 해야 할 일은 무엇인가?'

이렇게 생각하면 최소한 세 가지 이상의 해결 방법을 얻을 수 있다. 일단 '열린 마인드'로 사고하면 시야가 넓어져서 장애물을 평탄하게 만들 수 있다. 걸림돌이 되는 것을 밟고 지나가거나 피해 갈

단단한 삶으로 이끄는 성공 법칙

수도 있다. 최종적인 목표와 방법에 초점을 맞추기 때문에 아무리 큰 역경이나 실패가 찾아와도 마주할 힘이 생겨 해결 방법을 찾아 낼 수 있다.

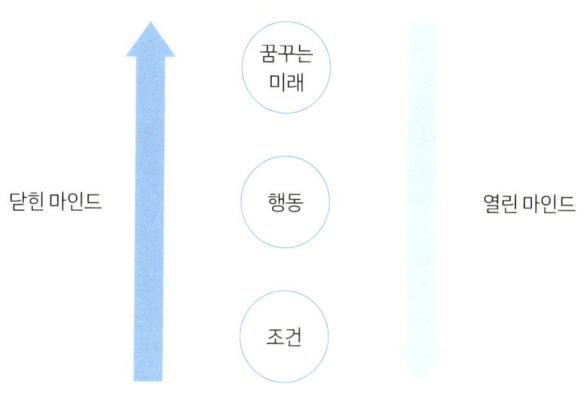

'닫힌 마인드'의 생각 회로는 이렇게 돌아간다.

'돈이 있어야 부모님께 효도를 하고, 친구들에게 밥도 사주고, 공부도 할 수 있고, 여행을 다녀서 견문을 넓힐 수 있다.'

그러나 '열린 마인드'의 생각 회로는 전혀 다르게 돌아간다.

'지금 상황이 어떻든 나는 반드시 해낼 수 있다.

내 능력껏, 내가 할 수 있는 일을 해낼 것이다.

내 능력을 조금 벗어나는 일이라고 해도 나는 계속 시도할 것이다.

내가 감당할 수 있는 범위 안에서 리스크를 짊어질 것이다.

문제가 생기면 후퇴하지 않고 도전할 것이다.

어떻게든 목표를 이루기 위해 노력할 것이다.

그렇게 내가 조금씩 능력을 갖추면 내 인생도 하루하루 달라질 것이다.

나는 매일 내가 좋아하고 잘하는 일을 할 것이다.'

성공하는 사람들의 공통점은 '내가 지금 조건이 되기 때문에 위험 요소를 감당할 수 있다'고 생각하지 않는다. 반대로 위험 요소를 감당할 용기가 있으니까 능력은 뒤따라온다고 생각한다. 내가 열린 마인드와 닫힌 마인드를 이야기하자, M이 '닫힌 마인드'와 '열린 마인드'는 구체적으로 어떻게 다른지 물었다. 마침 M이 훌륭한 교사를 물병에 비유했기에 눈높이를 맞춰 설명해 주었다.

나 '닫힌 마인드'는 일단 내 물병에 물이 가득 차 있어야 아이들 잔에도 따라 줄 수 있다고 생각하죠. 그런데 '열린 마인드'는 그렇지 않아요. 설령 내게 물이 없다고 해도 괜찮아요. 아이들이 스스로 물을 찾을 수 있게 도와주고 지지해 주면 되니까요. '제자라고 해서 꼭 스승보다 못한 게 아니고, 또 스승이라고 해서 제자보다 낫다는 건 아니다'라는 말이 그런 의미죠. 그래서 어떻게 보면 '열린 마인드'는 사고의 혁명이라고 할 수 있어요. 전통적인 사회에서 강조하던 리더십이나 교육 관념, 처세술 등과는 완전히 반대되는 개념이니까요.

열린 마인드를 지닌 선생님은 자기 능력을 뛰어넘는 제자들을 더 많이 양성해요. 기업의 리더라면 능력 있는 직원들을 더 많이 배출해 내겠죠. '열린 마인드'는 인생을 돌아보고 진짜 자기 모습을 발견하게 해 줘요. 그래서 마음껏 꿈을 펼치며 살 수 있도록 도와주죠.

M 와! 선생님, 정말 감사해요. 진짜 많은 깨달음을 얻었어요. 사실 저는 늘 자신감이 부족했어요. 할 수 있는 게 별로 없다고 생각했죠. 어쩌면 저 스스로 삶에 '사형선고'를 내리고 살았는지도 모르겠어요. 가족이나 친구들은 잘할 수 있다고 하는데 저 스스로 공격하고 무너뜨렸어요. 사실 저는 사소한 일들은 어떻게든 할 수 있다고 생각했지만, 크고 위대한 일을 제가 해내리라고는 감히 상상하지 못했거든요. 하지만 오늘 선생님 얘기를 듣고 나니 저도 해 볼 만하다는 생각이 드네요. 아니, 아주 잘 해낼 수 있다는 생각이 들어요. 그리고 설령 잘 해내지 못한다고 해도 괜찮아요. 처음부터 차근히 다시 해내면 되니까요. 최선을 다해 볼게요. 결과에 상관없이 제 능력껏 해 볼게요.

기존의 '닫힌 마인드'는 갖은 방법을 동원해 우리의 삶을 억제하고 짓누른다. 그러나 '열린 마인드'는 자신감을 가지고 새로운 인생을 살 수 있도록 도와준다.

주어진
모든 것이
최선이다

사냥을 좋아하는 한 임금이 있었다. 그는 시간이 나면 사복 차림으로 자신을 오랫동안 보좌한 노신과 함께 궐 밖에 나가서 민정을 살피는 걸 좋아했다. 그 노신에게는 항상 '저에게 주어진 모든 것이 최선입니다'라고 입버릇처럼 말하는 습관이 있었다.

하루는 임금이 말을 타고 사냥을 나갔다가 초원을 가로지르는 표범을 발견하고 뒤를 따랐다. 그는 말 위에서 표범을 향해 화살을 겨누었고, 화살은 정확하게 표범의 몸통에 꽂혔다. 표범은 날카로운 비명을 지르며 그 자리에 쓰러졌다. 신이 난 임금이 말에서 내려 쓰러진 표범을 향해 걸어갔다. 그때 갑자기 쓰러져 있던 표범이 자리에서 벌떡 일어나 임금을 덮쳤다. 순식간에 벌어진 일이었다. 곁에 있던 신하들은 표범을 향해 무차별적으로 활을 쏘아댔다. 표범은 그제야 바닥에 고꾸라져서 헐떡거리던 숨을 멈추었다. 정신을 차려 보니 임금의 새끼손가락에서 피가 철철 흐르고 있었다. 함께 있던 의원이 재빨리 지혈을 하고 치료를 도왔다. 심하게 다치진 않았지만 임금은 사냥하고 싶은 마음이 싹 사라졌다. 철저하게 본인이 잘못해서 벌어진 일이라 누구를 나무랄 수도 없는 노릇이었다. 결국 싸한 분위기 속에 임금과 신하들은 궁으로 돌아왔다.

궁으로 돌아온 후 모두가 임금의 안위를 물으며 위로를 건넸다. 그런데 그와 항상 함께하는 노신이 또 입버릇처럼 말했다.

"전하, 주어진 모든 것이 최선입니다."

순간 임금은 차오르는 분노를 참지 못하고 소리쳤다.

"지금 뭐라 한 것인가! 그럼, 과인이 자네를 옥에 가둔다고 해도 주어진 모든 게 최선이라고 말할 텐가!"

"만일 그리하신다고 해도 제게 주어진 그 상황이 최선이라 말할 것입니다."

노신이 미소를 지으며 대답했다.

"과인이 지금 당장 자네를 밖으로 끌어내 목을 친다고 해도 정녕 그렇게 말할 수 있겠는가?"

임금이 조금 전보다 한층 더 격양된 목소리로 따지며 물었다. 그러나 노신은 미소를 지으며 똑같이 대답했다.

"여봐라! 지금 당장 이 자를 끌어내 목을 쳐라!"

그러자 곁에 있던 신하들이 한사코 임금을 말렸다. 하지만 분노를 삭이지 못한 임금은 결국 그를 옥에 가두었다.

시간이 흘러 새끼손가락의 상처도 어느 정도 아물었다. 임금은 예전처럼 사복 차림으로 민정을 살피고자 노신을 찾았다. 그러나 이내 제 손으로 그를 옥에 가두었다는 걸 깨달았다. 그러니 체면상 그를 당장 풀어 주라고 할 수도 없었다. 결국 임금은 다른 신하를 대동해 궁궐을 나섰다. 한참을 가다 보니 숲이 우거진 산림에 들어섰다. 그런데 돌연 어디선가 얼굴에 분장을 한 거구의 원주민들이 나타나 그들을 납치했다. 식인종으로 알려진 부족이었다. 그들은 임금을 비롯한 신하들의 손을 묶어 산으로 데려갔다.

"내가 누군지 아느냐! 나는 이 나라의 국왕이다! 당장 나를 놓아주지 않으면 큰 벌을 받게 될 것이다!"

임금이 아무리 외쳐 보아도 말을 알아듣지 못하는 원주민들은 꿈쩍도 하지 않았다. 그들은 임금과 신하들을 산 정상으로 데리고 올라갔다. 그곳에는 사람 키보다 더 큰 솥이 하나 있었다. 활활 타오르는 장작 위에 놓인 솥에서는 물이 펄펄 끓어오르는 중이었다. 공교롭게도 그날은 달이 차오르는 날이었다. 원주민들은 임금과 신하들의 옷을 벗겨 그들을 달의 여신에게 제물로 바칠 셈이었다. 그들은 불구덩이처럼 뜨거운 물속에 신하들을 차례로 한 명씩 빠뜨렸다. 창자를 찢는 듯, 기괴하고 고통스러운 비명이 산을 가득 매우고 메아리로 돌아와 다시 울려 퍼졌다.

이윽고 임금의 차례가 되었다. 그는 주체할 수 없는 두려움에 온몸을 벌벌 떨었다. 그를 들어 올려 끓는 물에 넣으려는 순간, 갑자기 부족의 수장으로 보이는 자가 멈추라는 손짓을 하며 소리쳤다. 수장은 임금 곁으로 다가와 한 바퀴 천천히 돌며 몸을 훑었다. 이어서 얼마 전 사냥에 나갔을 때 다친 새끼손가락을 유심히 들여다보았다. 그러고는 옆에 서 있는 수하들에게 신경질적으로 소리를 질렀다. 그들은 곧 임금을 풀어 주었다. 엉덩이를 세차게 걷어차인 임금은 뒤도 돌아보지 않고 줄행랑을 쳤다. 그리고 몇 날 며칠에 걸쳐 드디어 궁으로 돌아왔다.

궁에 돌아온 임금은 나이가 지긋한 신하를 불러 자신이 겪은 일을 이야기했다. 그러곤 돌연 그들이 자신을 풀어 준 이유가 무엇인지 물었다. 그러자 신하는 본래 원주민들은 달의 여신에게 흠이 있는 제물을 바치지 않는다고 했다. 아주 작은 상처라도 절대 용납하지 않는다는 것이다. 그렇지 않으면 그들은 달의 여신에게 저주를 받는다고 생각했다.

죽음의 위기에서 살아난 임금은 성대한 연회를 열었다. 그리고 옥에 가두었던 노신을 풀어 주었다. 노신이 연회에 참석해 임금에게 인사를 올리며 또 한 번 말했다.

"저하, 감사합니다. 주어진 이 모든 것이 최선입니다."

"그래. 네가 하는 말이 맞다. 과연 주어진 모든 것이 최선이구나. 만일 그날 내가 표범에게 물리지 않았더라면 지금쯤 나는 제물이 되어 이 세상에 없겠지."

임금은 껄껄 웃으며 그를 칭찬했다.

"나는 죽음을 면했으니 그렇다고 치자. 허나 자네는 그 한마디 때문에 한 달 넘게 옥살이를 하였다. 그래도 주어진 모든 게 최선이라 말할 수 있는가?"

임금이 잔뜩 궁금한 얼굴로 물었다.

"예, 그렇습니다. 제가 감옥에 들어간 것이야말로 최선이라고 할 수 있지요. 그렇지 않았다면 그날 저하를 따라 사찰을 나섰을 것이고, 그랬다면 그날 달의 여신에게 제물로 바쳐졌을 것입니다. 그러니 저를 옥에 가두신 저하께 감사의 마음을 담아 술 한 잔 올려드리고 싶습니다. 저하께서 제 목숨을 구해 주셨습니다!"

임금은 망치로 크게 머리를 내려 맞은 듯 잠시 멍해졌다.

"그렇구나! 과연 내게 주어진 모든 게 최선이로구나!"

인생은 우리가 원하는 대로만 흘러가지 않는다. 뜻대로 되지 않을 때, '내게 주어진 모든 게 최선'이라고 생각해 보자. 그러면 놀라운 변화가 일어난다. 지금의 상황을 인정하고 수용하게 되어 마음의 평화가 찾아와 더는 부정적인 정서에 휩싸이지 않는다. 지혜로운 자는 더 지혜롭게 사고하게 되어 문제를 효과적으로 해결하게 된다.

진짜
게으른 사람은
없다

"선생님, 저는 진짜 게으른 편이에요. 저 같은 사람은 뭘 해도 어렵지 않을까요?"

"저도 엄청 게을러요. 어릴 때부터 그랬어요. 그런데 시간이 지나고 나니까 제가 게으른 이유가 정말로 하고 싶은 일을 못 찾았기 때문이라는 걸 깨달았어요. 그걸 찾고 난 이후로는 부지런해졌어요."

정말이다. 학창 시절, 나는 정말 게으른 아이였다. 집안일을 잘 거들지도 않았고 숙제도 잘 하지 않았다. 아침에 일어나는 건 정말 고역이었다.

그런데 바둑만 두면 달라졌다. 밥도 안 먹고, 잠도 안 자고 심지어 불이 다 꺼진 방 안에서 손전등 하나만 켜 놓고 밤새 바둑만 두라고 해도 둘 수 있을 정도였다. 배드민턴도 마찬가지였다. 평소는 아침에 일어나려면 한나절이 걸리지만, 배드민턴 대회가 있는 날에는 새벽 5시에도 거뜬히 일어난다. 지금은 골프를 위해 누가 깨우지 않아도 새벽 네다섯 시에 일어나 집을 나서고는 한다. 그러니까 결론적으로 이 세상에 진짜 게으른 사람은 없다. 사람은 자기가 정말로 좋아하는 일은 밤낮을 가리지 않고 몰두할 수 있다.

어릴 적 할아버지가 내게 걱정스러운 얼굴로 "이 녀석아. 이렇게 게을러서 나중에 밥벌이는 제대로 할 수 있겠냐?"라고 꾸중하시면 할머니가 옆에서 말씀하셨다. "내버려 둬요. 게으른 사람은 게으른 대로 알아서 다 먹고사니까."

할머니 말씀이 맞았다. 나는 어른이 되었고 다행히 밥벌이는 하고 산다. 물론 늦게 자고 늦게 일어나는 습관은 아직도 있지만 그것 때문에 중요한 일을 그르친 적은 없다.

그럴 수 있는 이유는 인생에 대한 계획을 명확히 세웠기 때문이다. 즉, 내가 좋아하고 잘하는 일을 제대로 찾아서 8가지 비전을 정리했기 때문이다. 게다가 8가지 모두 내가 정말로 하고 싶은 일이다. 누군가에게 보여 주기 위한 계획이 아니라는 말이다. 그 덕분에 나는 게으름을 피우지 않는다. 하루를 8일처럼 살면서 8가지 계획을 충실히 이행 중이다.

나만 가능할까? 아니다. 여러분도 충분히 할 수 있다. 이 세상에 진짜로 게으르고 나태한 사람은 없다. 그저 자신이 정말로 좋아하고 잘하는 일을 아직 찾지 못했을 뿐이다.

경쟁자는 바로 나 자신

2016년 6월 1일, 나는 아마추어 골프 대회 '아우디 콰트로컵' 지역별 예선전에 참가해 우승을 거두었다. 그다음 싼야에서 열린 중국 지역 결승전에서는 내 인생 처음으로 1등의 영광을 손에 넣었다. 그날의 우승은 정말 생각지도 못한 일이었다. 그 경기를 치르며 느꼈던 몇 가지를 여러분과 함께 나누고자 한다.

1. 문제가 닥치면 좌절하지 말고 돌파구를 찾아라

이 경기는 시작부터 쉽지 않았다. 경기는 두 사람이 하나의 조를 이뤄 점수를 합산하는 방식이었다. 그런데 내 파트너 J가 다른 조에 편성되어 있는 게 아닌가. 명단을 확인하고 우리는 급히 주최 측을 찾아가 자초지종을 물었다. 그들은 스태프의 착오가 있었던 것 같다고 했다. 그러나 대회 규정상 지금은 조를 바꿀 수 없으며 만일 변경하게 되면 점수는 모두 무효 처리가 된다는 게 그들의 설명이었다. 충분히 화가 나는 상황이었지만 우리는 그들을 원망하지 않았다. 대신 포기하지 않고 주최 측과 소통했다. 지금 당장 파트너를 바꾸면 당연히 서로 합이 맞지 않아 시합에 지장이 있을 터인데 스태프의 실수로 빚어진 결과를 우리가 책임져야 할 이유는 없다고 설득했다. 여러 차례의 소통 끝에 나는 다시 J와 한 팀이 되었고 점수도 정상적으로 등록되었다. 이 과정은 우승을 하는 데 없어서는 안 될 필수 조건이었다.

평소 우리의 삶도 마찬가지다. 직장이나 가정 등에서 문제가 생겼을 때 누군가를 원망하고 질책하는 것은 아무런 도움이 되지 않는다. 특히 화가 난 상태에서 앞뒤도 재지 않고 뱉어 내는 말은 절대 다시 주워 담을 수 없다. 그보다는 해결 방법을 적극적으로 찾는 편이 훨씬 더 현명하다. 그래야 더 많은 기회를 만들 수 있다. '실패를 위한 변명거리'를 찾지 말고 '성공을 위한 해결 방법'을 찾자.

2. 필요할 때는 과감히 행동하라

시합 참가자는 정말 많았다. 전국 각지에서 이름깨나 알리는 아마추어들은 모두 참석한 듯했다. 냉정하게 말해서 기술로만 보면 사실 우리 팀이 우승할 확률은 적었다. 그렇지만 우리는 주눅 들지 않았다. 과감한 퍼팅과 전략, 팀워크로 최후의 승리를 위한 가능성을 계속 만들어 냈다.

삶도 마찬가지다. 문제는 끊이지 않는다. 언뜻 보기에는 절대 풀어낼 수 없을 것 같지만 실은 대부분 간단한 것들이다. 그런데 시도도, 도전도 하지 않고서 어떻게 '우승'을 거머쥘 수 있을까?

3. 서로를 믿고 함께 움직여라

나와 내 파트너의 골프 실력은 사실 평범한 수준이다. 모든 게 그렇듯 골프를 칠 때도 사람마다 잘하는 게 있고 못하는 게 있다. 내 경우에는 비거리가 짧다는 게 단점이고, 내 파트너는 페어웨이에서의 샷이 안정적이지 못하다. 하지만 그는 드라이버 비거리가 매우 길다는 장점이 있고 나는 버디 찬스를 잘 만들어 내는 편이다. 이런 점을 잘 활용해서 작전을 세운 끝에 우리는 기적을 만들어 냈다. '마귀홀'이라 불릴 정도로 코스가 어려운 경기장에서 그날 훌륭한 성적을 일궈낸 건 사실 아직도 잘 믿기지 않는다.

직장에서도 마찬가지다. 팀원들의 단점에만 몰두하지 말자. 모든 사람에겐 장점이 있다. 그 장점을 잘 발휘할 수 있도록 도와주어야 진정으로 훌륭하고 멋진 팀을 만들 수 있다.

4. 이미 지나간 일에 집착하지 마라

시합 도중에 우리는 몇 번의 치명적인 실수를 했다. 계속 그 상태였다면 우승은 그대로 물 건너갔을 것이다. 하지만 우리는 위축되지 않았다. 포기하지도 않았다. 지나간 샷에 연연하지 않고 모든 홀, 샷마다 최선을 다해 임한 덕분에 최고의 성적을 냈고 그 결과 기적적으로 우승까지 했다.

5. 행운은 준비된 자의 몫이다

준비된 사람이란 누굴까? 바로 위의 네 가지를 갖춘 사람이다. 아직 하고 싶은 이야기가 남았다.

정말 생각지도 못한 우승을 해서인지 대회가 끝나고 일주일 동안 나는 그 기쁨에 심취해 있었다. 마치 '골프왕'이라도 된 것처럼 자신만만해서 10월에 있을 전국대회는 물론이요, 남아프리카에서 개최되는 글로벌 대회에서도 잘만 하면 우승을 거머쥘 수 있을 것 같은 기대에 부풀었다.

혹시 그런 경험이 있는가? 한 번의 성공과 한 번의 행운으로 자신감이 머리끝까지 차올라 현실을 망각하고 들떠 있던 경험 말이다. 나는 한동안 프로 골퍼라도 된 듯 의기양양했다.

그러던 중 일주일 뒤에 한 친선 경기에 참가하게 되었다. 첫 번째 홀에서는 생각처럼 잘됐다. 자신감이 하늘을 찔렀다. 하지만 두 번째 홀부터 어그러지기 시작하더니 급기야 공을 벙커로, 러프로, 페널티 구역으로 보냈다. 벙커에 빠진 공은 결국 쳐 내지 못했고 가까운 거리에서도 자꾸만 실수를 저질렀다. 공은 마치 나를 놀리기라도 하듯 홀에서 뱅그르르 돌다가 다시 빠져나오기까지 했다. 분명 따뜻한 날씨였는데도 입안이 바싹바싹 마르고 등줄기에서는 한기가 돌고 식은땀이 흘렀던 기억이 난다. 결국 나는 그해 최악의 성적을 기록했다.

앞선 경기에서의 행복은 바로 실망으로 바뀌었다. 따뜻한 봄에서 순식간에 추운 겨울로 계절이 바뀐 기분이었다.

사실 우리네 인생도 그렇다. 성공했다고 해서 득의양양해서는 안 된다. 자신의 능력을 과신하거나 그 성공의 기쁨에 마냥 도취해 있어서도 안 된다. 설령 성공했다고 해도 당신은 그대로다. 성공했다고 갑자기 똑똑해진다거나 능력치가 올라간다거나 하지 않는다. 다른 사람보다 훨씬 강해지는 것도 아니다. 많은 경우 성공은 운과 기회, 그리고 주변의 수많은 사람의 도움을 발판으로 만들어진다. 그러니 성공했다고 해도 침착하게, 평정심을 유지해야 한다. 그리고 감사해야 한다. 주변 사람들에게, 하늘에, 내게 찾아온 행운에, 사회에 감사하고 보답해야 한다. 반대로 실패했다고 해도 위축되지 않아야 한다.

인생에는 클라이맥스도 있고 슬럼프도 있다. 그렇지만 그게 우리 인생의 전부는 아니다. 기쁠 때가 있으면 슬플 때도 있고 힘들 때가 있으면 행복한 때도 있다.

친선 경기가 끝나고 나서도 나는 계속 시무룩해 있었다. 그로부터 20일 정도 후에 열린 '뷰익배'에 의기소침한 채로 참가했던 나는 또 한 번의 '기록'을 세웠다. 그날 나는 골프를 시작한 이래 가장 좋은 성적을 기록했다. 일전에 세웠던 기록에서 두 타나 더 적은 스코어를 달성했다. 이번 대회에는 막강한 선수들이 대거 출전했다. 그들은 과연 엄청난 실력을 자랑했다. '아우디 대회' 때와 비교해 보면 내게 행운이 마구 따라 준 것도 아니었다. 비록 우승을 하진 못했지만 나는 정말 중요한 사실을 깨달았다. 대회에서 나는 이미 지난날 내가 세웠던 기록을 깼기 때문에 아무런 후회가 없었다.

집으로 돌아오는 길에 골프가 인생과 참 많이 닮았다는 생각을 했다. 대회에는 늘 나보다 강한 상대가 참가한다. 그들의 배경과 성장 환경, 지능과 체력은 모두 제각각이다. 어쩌면 아무리 노력해도 평생 그들을 뛰어넘지 못할 수도 있다. 하지만 그렇다고 해서 좌절하거나 위축될 필요는 없다. 아무리 강한 상대라도 단점이 있고 아무리 실력자라도 세상의 모든 상대를 시종일관 무너뜨릴 수 있는 건 아니다. 나는 그저 내가 할 수 있는 최대한으로 도전에 직면하면 된다. 시합에서 나의 가장, 그리고 유일한 라이벌은 나 자신이다.

인생은 나 자신의 것이다. 가끔 다른 사람의 도움을 받을 수는 있지만 어쨌든 우리가 경쟁해야 할 상대는 나 자신이다. 나를 뛰어넘고, 나 자신을 살아 내고, 내가 도달할 수 있는 가장 높은 정상을 향해 쉬지 않고 올라가야 한다. 오늘은 어제보다 조금 더 성장하고, 내일은 오늘보다 조금 더 성장한다면 순위에 오르지 않더라도, 다른 사람의 인정을 받지 않더라도 괜찮다.

그러니 인생의 여행길에서 방향을 잘 잡아야 한다. 내가 밟고 있는 땅, 내가 가야 할 길을 확실히 정해서 용기 있게 전진해야 한다. 나를 이기는 인생이야말로 가장 성공한 인생이다.

나를 믿는 힘이 곧 성공의 시작

'당신은 생각할 줄 아는 사람인가?'

바보 같은 질문으로 들릴지 모르겠다. 세상에 생각할 줄 모르는 사람이 어디 있겠는가. 그런데 한 가지 중요한 사실이 있다. 생각은 뇌가 있는 사람이라면 누구나 할 수 있지만, '좋은 생각'은 그렇지 않다. 부단한 노력과 훈련을 통해서만 가능하기 때문이다.

'좋은 생각'의 습관을 지닌 사람들은 어떤 문제 속에서도 핵심을 잘 짚어낸다. 그리고 그에 맞는 '처방'을 기가 막히게 내린다. 이로써 가장 빠른 시간 안에 가장 효율적으로 문제를 해결하고는 한다.

기존의 '닫힌 마인드'로 생각하는 습관이 있는 사람들은 오로지 그 문제 자체에 사로잡혀 밖으로 나오지 못한다. 밖에는 벌써 봄이 오고 있는데 말이다. 나의 삶을 더욱 가치 있게, 의미 있게 만들기 위해서는 기존과는 다른 '열린 마인드'로 생각하는 연습을 해야 한다. 이를 통해 문제를 다각도로 분석하고 참신한 아이디어와 해결 방법을 제시함으로써 새롭고 신나는 인생의 여정을 시작할 수 있다.

그렇다면 혁신적이면서 효과적인 '열린 마인드'의 사고방식이란 무엇일까?

첫째, 일이 생겼을 때 그 문제 자체나 문제가 가져온 현상에 집중하지 않는다. 그보다는 내가 궁극적으로 이루고자 하는 최종 목표에 초점을 두는 것이다. 그러면 조금 더 심도 있는 방법을 찾아내서 문제를 효과적으로 해결할 수 있다. 이렇게 생각하는 사람들은 '문제는 이미 일어났고, 목표가 정해진 이상 어떻게 하면 가장 빠른 시간 안에 능력껏 문제를 해결할 수 있을까'를 고민한다. 누구를 원망하거나 책임을 전가하지 않는다. 자꾸만 그 문제를 반복적으로 생각하다가 결국 그게 누구 때문에 일어난 일인지 등을 따지느라 에너지를 소모하지 않는다는 말이다.

둘째, 먼저 행동에 나선다. 그리고 자신의 행동을 충분히 신뢰한다. 우리는 늘 약속하고 다짐한다. '우선 돈을 좀 벌고…', '우선 여유가 좀 생겨야…' 먼저 조건을 다 갖춰야만 어떤 일을 할 수 있다고 생각하는 것이다. 그러나 무슨 일이든지 가장 중요한 것은 먼저 행동하는 것이다. 움직이지 않고 생각만 하는 것은 아무 소용이 없다.

셋째, 인생은 늘 내 뜻대로 흘러가지 않는다. 예상 밖의, 계획과는 다른 일이 발생했을 때 당황하지 말고 '주어진 모든 것이 내게 최선'이라고 생각하자. 그러면 덤덤히 현실을 인정하고 수용할 수 있을 것이다. 부정 정서에 사로잡혀 두 눈이 가려지는 일이 없을 것이다. 이로써 더욱 이성적이고 현실적으로 문제를 판단하고 해결할 수 있다.

넷째, 아무리 '열린 마인드'라고 해도 효율성을 잊어서는 안 된다. 중요한 건 그 사고방식을 통해 효과를 창출하는 것이다. '열린 마인드'의 개념이나 이론을 이해하는 것도 중요하지만 본말이 전도되어서는 안 된다. 아무리 좋은 개념이나 이론도 효과가 없다면 아무 소용 없다.

사람의 잠재력은 무한하다. 그러니 자신감을 가져라. '나는 할 수 있다. 나는 문제없다. 세상에 안 되는 사람은 없다!'고 생각하라. 물론 우리는 완벽한 존재들이 아니라서 실수할 때도 있다. 그러나 완벽하지 않다는 사실을 인정하면 더 아름다운 나로 살아갈 수 있다. 자신감이라는 건 어려움과 도전 앞에서 굴복하지 않고 위축되지 않는 것을 말한다. 당신이 노력하면 충분히 이겨 낼 수 있다고 믿는 것이다. 설령 모든 걸 처음부터 다시 시작해야 한다고 해도 괜찮다.

나 자신을 믿어라. 그래야 다른 사람의 신뢰도 얻을 수 있다. 성공이라는 녀석은 우리에게 먼저 손을 내밀지 않는다. 그러나 우리는 그 성공을 향해 능동적으로 나아갈 수 있다. 어려움은 언제나 존재한다. 아무런 어려움 없이 인생을 사는 사람은 없다. 중요한 건 그걸 어떻게 극복하느냐이다. 자신감을 잃지 말자. 완벽하지 않을지라도 당신은 충분히 아름답다. 그런 생각으로 살면, 어느새 성공이 눈앞에 성큼 다가와 있을 것이다.

큰 바다에서
더 멀리 헤엄쳐라

PART 7

작은 물방울이 모여 이루는 거대한 바다

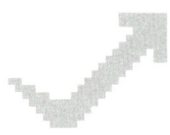

탐험가 싱과 그의 원정대가 히말라야 협곡을 건널 때의 일이다. 그들은 갑자기 몰아닥친 폭설과 거센 폭풍우로 협곡에 고립되고 말았다. 오랜 시간 살을 에는 추위와 싸우다 보니 그들은 점점 지쳐가기 시작했다. 고통스러운 배고픔과도 싸워야 했다. 그러나 그들은 포기하지 않고 서로를 위로하고 응원했다. 눈발이 어느 정도 잠잠해지자 계속 걸으면서 체온을 유지했다.

그런데 얼마 뒤 멀지 않은 곳에서 눈 속에 매몰되어 정신을 잃은 한 사람을 발견했다. 그들은 갈등하기 시작했다. 그를 업고 함께 이곳을 빠져나갈 것인가, 그냥 못 본 체할 것인가. 그때 고민하고 있는 싱에게 한 대원이 말했다.

"지금 우리는 혼자 걷기에도 너무 버거운 상황입니다. 이 사람을 업고 간다면 속도는 더 느려질 겁니다. 그러면 해가 지기 전에 이 협곡을 못 빠져나갈지도 몰라요."

그렇지만 싱은 그를 그냥 지나칠 수 없었다. 결국 반대하는 대원과 의견 일치를 보지 못했다. 한 대원은 그런 싱과 나머지 대원들에게서 이탈해 혼자 가겠다고 말했다.

영하의 추위 속에서 싱과 대원들은 서로 번갈아 가며 정신을 잃은 사람을 업고 걸었다. 형언할 수 없을 정도로 힘들었지만 그들은 포기하지 않았다. 그런데 신기한 일이 일어났다. 대원들의 체온이 등에 업힌 사람에게 조금씩 전해져 그가 정신을 차리고 일어난 것이었다. 깨어난 그는 직접 걸어서 대원들과 동행했다. 얼마나 걸었을까. 드디어 협곡의 끝이 보이기 시작했다. 그들은 환호했다. 그런데 앞쪽 눈밭에 쓰러져 있는 한 사람이 보였다. 익숙한 실루엣은 앞서 혼자 가겠다고 선언했던 그 대원이었다. 그는 차가운 시신이 되어 그곳에 누워 있었다.

혼자 걸으면 더 빨리 갈 수 있다. 하지만 같이 걸으면 더 멀리 갈 수 있다. 꿈을 향해 가는 과정에는 나를 지지하고 응원하고 도와주는 사람들이 필요하다. 너무 지쳐서 더는 걸어갈 힘이 없을 때 나를 바라봐 주는 눈빛과 미소, 힘내라는 한마디, 따뜻한 손길 하나가 다시 일어설 힘을 주기 때문이다.

석가모니가 제자들에게 물었다.

"어떻게 하면 물방울이 영원히 마르지 않게 할 수 있겠는가?"

제자들은 도저히 모르겠다는 눈빛으로 서로 얼굴만 멀뚱히 쳐다보았다. 그런 그들을 향해 석가모니가 말했다.

"바다에 넣어 주면 된다."

물방울은 흩어져 있을 때는 그 힘이 보잘것없다. 혼자 두면 금세 말라 버리고 만다. 그런데 바다에 넣어 주는 순간 완전히 '새 인생'을 살게 된다. 작은 물방울이 모여 강을 이루고, 바다를 이루는 순간 그 힘과 용맹함은 상상을 뛰어넘는다. 힘찬 물결로 배를 항구로 보내기도 하고 때로는 집채만 한 쓰나미가 되어 모든 걸 집어삼키기도 한다. 작은 물방울은 거대한 바다의 품 안에서 가치를 더 잘 드러낸다.

사람도 물방울과 같다. 아무리 완벽한 사람이라 할지라도 혼자 있을 때는 힘이 미약하다. 그러나 실력 있는 공동체는 바다와도 같다. 아무리 능력자라고 해도 혼자서 너무 많은 일을 하면 금세 체력이 소진된다. 당신이 세운 인생의 8가지 계획 속에서 공동체는 정말 중요한 역할을 한다. 팀에 소속되어야만, 자신이 그 팀의 일원이 되어야만 장점을 더욱 발휘하고 가치를 드러낼 수 있다. 그리고 그래야만 나만의 꿈을 실현할 수 있다.

단단한 삶으로 이끄는 성공 법칙

포기하지 않고
한 걸음씩

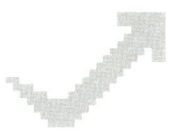

인도에서 실제로 있었던 일이다.

1920년, 인도 콜카타 부근의 한 산골 마을 사람들이 늑대를 사냥하던 중 한 동굴에서 두 소녀를 발견했다. 사람들은 그들이 아주 어릴 때 산에서 길을 잃고 늑대에게 발견되었거나, 어미 늑대가 새끼 늑대를 잃고 그들을 자신의 새끼로 삼아 키운 것이라 추측했다. 그들은 일곱 살쯤 되어 보이는 소녀에게는 '카마라', 두이 살쯤 된 것 같은 소녀에게는 '아마라'라는 이름을 지어 주었다.

두 소녀는 보육원에서 생활하게 되었는데 안타깝게도 아마라는 그 이듬해 세상을 떠났고, 카마라는 1929년까지 생존했다. 보육원 원장 J.E 싱 목사의 일기장에는 두 소녀를 공동체 안에서 사회화시키려 노력한 흔적이 남아 있었다.

처음 발견되었을 당시, 두 소녀는 완전히 늑대와 같은 모습을 하고 있었다. 네발로 기어다녔고 낮에는 잠을 자고 밤에 나와 활동했으며 불과 빛, 물을 무서워했다. 할 줄 아는 거라곤 배가 고프면 먹을 것을 찾고 배가 부르면 잠을 자는 일이었다. 채소도 먹지 않고 오로지 고기만 먹었으며(손을 사용하지 않고 바닥에 놓은 채로 핥아 먹거나 이로 뜯어 먹었다) 매일 오후가 되면 늑대처럼 목을 길게 빼고 하울링을 했다. 언어를 전혀 사용하지 않았던 카마라는 7년 동안 겨우 45개의 단어를 숙지해 가까스로 몇 마디를 구사할 줄 알았다. 그녀는 조금씩 인간의 삶을 향해 나아갔지만 결국 열여섯 살의 나이에 세상을 떠났다. 당시 그녀의 지능지수는 4세 아이의 수준에 불과했다.

인류 역사에는 카마라, 아마라 말고도 '표범 인간', '곰 인간', '침팬지 인간' 등이 등장한 적이 있다. 그들은 모두 카마라와 아마라처럼 자신을 주로 양육했던 동물들의 생활 습성을 그대로 따라 했다. 환경이 사람에게 얼마나 지대한 영향을 주는지 알 수 있는 사례다.

환경과 인류의 관계에 대한 또 다른 실험이 있다. 사람들에게 종이를 나눠주고 지금까지 그들과 가장 오랫동안 함께 한 가장 친한 친구 6명의 이름을 적게 했다. 그리고 그들의 월수입을 적고 평균을 내도록 했다. 공교롭게도 그 평균치는 실험에 참여한 사람의 월급과 거의 동일했다.

'근묵자흑近墨者黑'이라는 말이 있다. 검은 먹을 가까이하면 똑같이 검어진다는 뜻이다. 미국에는 "어리석은 사람과 함께하면 먹고 자기만 한다. 똑똑한 사람과 함께하면 부지런히 생각한다"라는 말이 있다. 결국 이 두 가지는 환경이 사람에게 큰 영향을 주며 무의식중에 그 삶의 방식에 스며들게 된다는 가르침을 준다. 그래서 내가 어디서 생활하는지, 어디서 일하는지, 누구와 함께하는지는 상당히 중요하다. 심지어 그것들은 나의 인생을 바꿀 수도 있고 일생의 승패를 결정하기도 한다. 그러므로 내가 얼마나 멀리 가느냐는 누구와 함께 가느냐에 달려 있다.

이안은 세계적인 영화감독이다. 그는 미국 아카데미 최고 감독상을 비롯해 글로벌 시상식에서 수차례 수상한 경력이 있을 뿐 아니라 베니스 국제영화제 심사위원장을 역임하기도 했다.

그는 첫 영화 〈쿵후 선생〉으로 금마장 영화제에서 최우수 작품상을 받으며 세상에 이름을 알리기 시작했다. 2000년에는 〈와호장룡〉으로 73회 미국 아카데미 시상식에서 촬영상, 미술상, 음악상, 외국어영화상을 휩쓸며 세간의 이목을 집중시켰다. 미국 시사주간지 《타임》은 그를 한 해 동안 최고 감독상, 최고 각본상을 가장 많이 받은 인물로 소개하기도 했다. 2006년에는 영화 〈브로크백 마운틴〉으로 78회 미국 아카데미 시상식에서 아시아인 최초로 감독상을 수상하는 영예를 안았으며, 2013년에는 〈라이프 오브 파이〉로 85회 미국 아카데미 시상식에서 또 한 번 감독상을 수상했다.

그는 중화권 영화계 발전에 지대한 공헌을 했을 뿐 아니라 동서양 문화가 서로 소통할 수 있는 가교 역할을 훌륭히 해냈다.

그렇지만 그의 인생이 늘 평탄했던 것만은 아니다. 그는 『꿈을 꾸는 사람이 아카데미에 간다有梦想的人才能举起奥斯卡』에서 이렇게 밝혔다.

나는 1978년, 미국 일리노이 대학교 연극학과 지원서를 준비하는 과정에서 아버지와 잦은 갈등을 빚었다. 아버지는 구체적인 숫자까지 말씀하시며 미국행을 반대하셨다.

"매년 미국 브로드웨이에 캐스팅되는 배역은 고작 200개야. 하지만 거기에 몰려드는 사람이 몇 명인 줄 아니? 5만 명이다, 5만 명."

하지만 나는 아버지의 만류에도 뜻을 굽히지 않고 비행기에 몸을 실었다. 그로부터 20년간 나는 아버지와 나눈 대화가 채 백 마디를 넘지 않는다.

몇 년 후, 대학을 졸업하고 나서야 나는 아버지가 왜 그리 반대하셨는지 이유를 알았다. 미국에서, 그것도 영화계에서 아무런 배경도 없는 중화권 출신의 평범한 사람이 출세하기란 정말이지 하늘의 별 따기였다. 1983년부터 6년이라는 긴 시간 동안 반복되는 기다림 속에서 나는 조금씩 지쳐 갔다. 그 기간 나는 대부분 촬영 현장에서 기기를 점검하거나 영상 편집을 하고 소품을 정리하는 등의 잡일을 하며 보냈다. 그중에서도 가장 힘들었던 건 내가 쓴 시나리오를 들고 서른 개가 넘는 제작사를 돌아다녔지만 하나같이 모두 퇴짜를 맞았던 순간이었다.

당시 나는 서른이 가까운 나이였다. 옛말에 서른은 인생의 뜻이 확고하게 서는 '이립而立'이라 했건만, 이립은커녕 나는 제대로 자립조차 못 한 신세였다. 그렇다고 달리 방법이 있는 것도 아니었다. 계속 기회를 기다리느냐, 아니면 영화에 대한 꿈을 포기하느냐 심각하게 고민하던 때, 아내가 건넨 위로가 내가 계속 영화의 길을 가는 데 결정적인 역할을 했다.

대학 동문인 아내는 미생물학 전공자였다. 졸업 후 작은 연구실에 의약품 연구원으로 들어갔지만 보수는 얼마 되지 않았다. 그때 이미 우리에겐 아이가 한 명 있었다. 죄책감을 조금이라도 덜기 위한 내 나름의 방법은 집에서 살림을 도맡아 하며 시나리오를 집필하는 것이었다. 아직도 생생히 기억나는 장면이 있다. 매일 오후, 해가 질 무렵이면 저녁밥을 지어 놓곤 아들과 현관에 앉아 '용감한 사냥꾼 엄마가 사냥(생활비)에 성공해서 돌아오는' 이야기를 들려주며 아내를 기다렸던 풍경이다.

사실 이런 생활은 남자에게, 가장에게 매우 자존심이 상하는 일이다. 한 번은 장인어른께서 '이렇게 살 바에는 작은 식당이라도 하나 차려 보라' 며 나 몰래 아내에게 돈봉투를 건넨 일이 있었다. 그러나 아내는 단번에 거절했다. 나중에 그 사실을 알고 나는 며칠 동안 잠을 이루지 못했다. 그러고는 이내 결심했다. '그래. 이번 생에 영화의 꿈을 이루기엔 틀렸어. 현실을 직시하자.'

얼마 후 나는 집 근처에 있는 컴퓨터 학원을 찾아갔다. 한참을 고민한 끝에 수강 신청을 했다. 먹고사는 게 중요했던 그 시절, 컴퓨터 기술이라도 배워 놓으면 빨리 돈을 벌 수 있지 않을까 하는 생각에서였다. 그렇게 등록을 마치고 집에 돌아와 며칠 동안 병든 닭처럼 지내는 나를 보고 아내는 뭔가 이상한 낌새를 감지했다. 그리고 우연히 내 가방에서 학원 시간표와 커리큘럼을 발견했다. 그날 저녁, 아내는 나와 말을 섞지 않았다.

다음 날 출근 준비를 마친 아내가 집을 나섰다. 그녀는 차에 오르다 말고 갑자기 돌아서서 배웅을 나온 내게 똑똑히 들으라는 듯, 한마디 한마디 힘주어 말했다.

"여보. 당신은 영화감독을 하기 위해 태어난 사람이야. 당신 꿈을 잊어버리지 마."

순간 내 마음에 따뜻한 바람이 불었다. 현실에 찌들어 없어질 뻔했던 나의 꿈이 마치 그날 아침 따스하게 비추던 햇살처럼 밝게 빛나기 시작했다. 아내가 떠난 뒤 나는 가방에서 학원 시간표를 꺼내 갈기갈기 찢어서 현관 쓰레기통에 내동댕이쳤다.

그 후로 내 시나리오가 기금회의 투자를 받게 되었고 나는 드디어 메가폰을 잡을 수 있었다. 그리고 시간이 흘러 국제영화제에서 상을 받기 시작했다. 오래전, 그때의 일을 회고하며 아내는 이렇게 말했다.

"나는 사람은 뭐든 잘하는 게 딱 하나만 있으면 된다고 생각해. 당신이 잘하는 건 영화야. 세상에 컴퓨터 잘하는 사람이 얼마나 많은데. 당신이 잘하는 건 그게 아니잖아. 아카데미상 시상식 단상에 서고 싶으면 당신 꿈을 포기하지 마."

그 후 나는 정말로 아카데미 시상식 단상에 올랐다. 오랜 시간의 인내와 아내의 희생이 보상받는 순간이었다. 그 후 내 의지는 더 확고해졌다. 발걸음에도 힘이 들어갔다.

내 마음속에는 오직 하나, 영화라는 꿈이 있기 때문이다.

꿈이 있는 사람은 행운아다. 이안 감독의 꿈을 좇는 과정에는 그를 알아 주고 아껴 주고 도와주는 아내가 있었다.

흔히 사람들이 말하는 인생의 가장 큰 행운 세 가지가 있다. 하나는 학창 시절에 좋은 스승을 만나는 것, 또 하나는 일터에서 좋은 상사나 멘토를 만나는 것, 그리고 나머지 하나는 좋은 배우자를 만나는 것이다. 그들의 말 한마디, 행동 하나가 가끔은 나의 인생에 막대한 영향을 준다. 일은 물론 사랑과 결혼, 가정 역시 그렇다.

빛나는 재능은
결국
드러난다

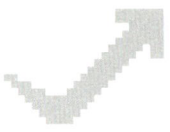

회사를 다니다 보면 이런 생각에 사로잡힌 사람들을 쉽게 만날 수 있다. '대체 왜 이 회사는 내 능력을 몰라줄까?', '저 사람은 승진하는데 왜 나는 안 되지?', '나를 알아주는 사람은 언제 나타나는 걸까?'

한 설문 조사 기관에서 575명의 직장인을 대상으로 '회사가 나의 재능을 잘 알아준다고 생각하는가?'라는 질문을 했다. 그 결과 41%의 응답자가 '종종 그렇지 않다고 느낀다'고 대답했고, 34%의 응답자가 '가끔 그렇지 않다'고 대답했다. 25%만이 '그렇다'고 대답했다. 다시 말해 회사가 나의 능력을 충분히 알아주지 못한다고 느끼는 사람이 합쳐서 75%에 달한다는 말이다.

단단한 삶으로 이끄는 성공 법칙

왜 그렇게 느낄까? 어떻게 해야 회사가, 세상이 내 재능을 알아볼까? 충분히 재능을 가졌는데 그걸 펼치지 못하는 사람은 아직 적당한 기회를 만나지 못했거나, 그걸 알아봐 주는 사람을 만나지 못했기 때문이다.

같은 회사에 같은 날짜에 입사한 A와 B가 있었다. 그런데 A만 진급하고 B는 진급에 실패했다. B가 A보다 실적도 더 좋고 훨씬 더 많이 노력했지만 결과는 좋지 않았다. 왜 그런 것일까? 정말 실적과 노력만이 평가의 모든 요소일까?

진정한 의미를 이해했다면 다시 질문해 보겠다. 정말 이 세상이 당신의 능력을 알아주지 못한다고 생각하는가?

업무상 아무런 실적도 내지 못하면서 회사에서 인정받길 바라는 사람들이 자주 하는 말이 있다. "회사가 내 능력을 몰라준다"라는 말이다. 이로써 그들은 답답한 마음을 풀어내고 책임을 전가하려고 한다. 그런데 사실 잘 생각해 보면 회사가 그들의 재능을 몰라주는 게 아니라, 그들이 아직 재능을 충분히 발휘하지 않은 경우가 많다.

재능을 발휘하지 못하는 경우는 두 가지다. 하나는 아예 재능이 없거나 아직 그런 기회가 오지 않은 것이다. '재능이라는 건 임신과도 같다. 일단 있으면 언젠가는 티가 나기 마련이다. 그런데 사람들이 몰라준다면 그만큼 재능이 없는 거라고 할 수 있다.' 누군가 인터넷에 써 놓은 비유가 이를 잘 설명해 준다.

정말로 재능이 있는 사람은 기회를 만나면 언젠가는 발휘하게 되어 있다. 진정한 재능은 지금 당장은 보이지 않을지라도 억지로 숨길 수가 없어서 언젠가는 빛을 발산하기 때문이다.

그렇다면 조금이라도 빨리 재능을 펼칠 기회를 앞당기려면 어떻게 하는 게 좋을까? 이를 위한 몇 가지 방법을 소개한다.

• 개념 정의하기

세상이 내 재능을 몰라준다고 생각하는 사람은 늘 부정적인 정서에 휩싸여 있다. 그들은 언제나 자신을 향한 대우가 불공평하다고 생각하기 때문에 불만과 짜증, 불평으로 가득하다. 그런데 그 과정도 어떻게 보면 성공을 위해 꼭 필요한 과정 중 하나다. 이 기간에 자신의 재능을 갈고닦다가 기회가 왔을 때 내가 가진 모든 것을 마음껏 보여 줄 수 있기 때문이다.

재능이 있어도 그걸 펼치지 못하는 건 사실 세상 모든 사람이 한번쯤 겪어 본, 그리고 겪어야 할 경험이다. 그래서 이 과정을 어떻게 정의하느냐가 굉장히 중요하다. 만일 나를 수련하고 단련하는 기간으로 생각한다면 내면에 신기한 변화가 일어날 것이다.

"하늘이 장차 큰 임무를 이 사람에게 내림에 반드시 먼저 그 의지를 괴롭게 하고, 그 근골을 수고롭게 하고, 그 몸과 피부를 주리게 하고, 그 몸을

단단한 삶으로 이끄는 성공 법칙

궁핍하게 한다.

행하는 것에는 그 하는 바를 어긋나고 어지럽게 하니 그래서 마음을 움직이고 성품을 참게 하여 그 불가능한 바에 보태어 준다.”

맹자가 주었던 이 가르침을 조용히 읽다 보면 당신의 생각에도 변화가 나타날 것이다.

• 좋은 질문하기

평소 스스로에게 '좋은 질문'을 하는 연습을 해 보자. 좋은 대답은 좋은 질문에서 나오기 때문이다. 다음의 두 가지 스타일의 질문을 보며 평소 나는 어느 쪽을 더 많이 사용하는지 생각해 보자.

- 나는 왜 이렇게 운이 없을까? - 나는 왜 승진을 못 할까? - 이 일은 누구 때문에 일어났을까?	- 내가 진짜 원하는 게 뭘까? - 내가 뭘 해야 상황을 바꿀 수 있을까? - 이 일을 통해 나는 무엇을 깨달았는가?

좋은 질문이 좋은 대답을 이끌어 내고 좋은 대화가 좋은 인생을 결정한다는 점을 기억하자.

나를 키우는 건
결국
'우리'다

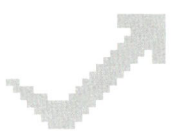

'팀 이론의 아버지'라 불리는 영국의 심리학 박사 메러디스 벨빈은 "완벽한 개인은 없다. 완벽한 팀이 있을 뿐이다."라고 말했다.

현대 사회의 업무는 나날이 복잡해지고 있다. 혼자서 해낼 수 있는 일은 점점 줄어드는 대신 두세 사람 이상의 협력이 필요한 업무가 많아지고 있다. 점점 더 많은 기업이 '팀워크' 정신을 채용의 중요 기준으로 삼고 있다. 탁월한 업무 능력과 팀워크 정신을 지닌 사람은 기업이 가장 선호하는 인재상이다. 반면 팀에 어울리지 못하고 나 홀로 일하는 '독불장군' 식의 유형은 도태될 수밖에 없다.

스펙도 좋고 실력도 좋은 남자가 있었다. 그런데 그보다 스펙도

단단한 삶으로 이끄는 성공 법칙

낮고 실력도 변변치 않은 동료가 먼저 승진했다. 이유는 그가 혼자 일하는 유형이었기 때문이었다. 그는 동료들과 사적으로 잘 어울리지 않았을 뿐 아니라, 업무적으로도 누군가 도움을 요청했을 때 자신과 크게 관련이 없는 일은 단칼에 거절했다. 하지만 그는 자신의 문제가 무엇인지 알지 못했다. 그는 상사가 자신을 미워하고 차별한다고 생각했다. 결국 회사에서는 그에게 퇴사를 권유했다.

"제가 이 회사를 나가는 게 막대한 손해라고 생각하지 않으십니까? 속상하지 않으세요?"

그가 이해되지 않는다는 얼굴로 상사에게 물었다.

"능력 있는 인재를 내보내야 한다는 게 마음이 아프지. 하지만 자네는 매번 팀 사기를 떨어뜨리고 팀워크에 좋지 않은 영향을 주네. 어쩔 수 없지만 자네가 떠나 줘야겠어."

그가 인정을 받지 못한 이유는 능력이 없어서가 아니라 팀을 위해 희생할 줄도 협력할 줄도 몰랐기 때문이다.

현대 기업은 팀의 능력을 점점 더 중시한다. 전체의 사기를 떨어뜨리고 긍정적인 영향을 주지 못하는 팀원은, 아무리 능력이 출중하다고 해도 리더의 총애를 받지 못한다. 리더가 정말로 아끼는 사람은 뛰어난 업무 능력뿐 아니라 적극적인 업무 태도를 지니고 팀에 잘 어울리고 협력하는 사람이다.

자고 일어나면 변해 있는 이 세상에서 협력의 중요성은 아무리 강조해도 지나치지 않다. 이 시대는 영웅도 필요로 하지만 위대한 팀, 집단을 더 필요로 한다. 아무리 똑똑하고 잘난 사람이라고 해도 폭발적으로 생성되는 새로운 정보들을 다 처리하기란 역부족이다. 모든 방면에서 완벽한 사람은 없다.

중국의 무협 작가 김용 선생의 소설 속에 등장하던 '대협의 시대'는 이제 막을 내렸다. 혼자 칼을 차고 말에 오르면 빨리는 갈 수 있지만 멀리 가지 못한다. 함께 도와주고 응원해 주며 걸어야만 더 멀리 갈 수 있다.

그렇다면 팀 안에서는 어떻게 성장해야 할까? 다음의 몇 가지 기본 원칙을 꼭 익히도록 하자.

• 모든 것은 나의 선택, 팀 안에서 최선을 다하라

어떤 팀에 소속된 순간 거기에서 나오느냐, 아니면 계속 남아 있느냐는 당신의 선택에 달려 있다. 만일 남기로 했다면 그 안에서 최선을 다해야 한다. 그렇지 않으면 나의 소중한 시간과 인생을 낭비할 뿐만 아니라 회사의 자원까지 소모하게 되기 때문이다. 늘 남의 흉만 보며 헐뜯는 사람은 팀 안에서 절대 성장할 수 없다는 점도 기억하라.

· 좋아하는 일을 할 수 있는 건 큰 행운이다

팀 안에서 자신이 정말로 좋아하는 일만 하는 사람은 드물다. 만일 그럴 수 있다면 그건 정말이지 큰 행운이다. 그리고 그 일을 잘 해낸다면 당신에게 반드시 기회가 올 것이다. 그 기회를 발판으로 '판도'를 바꿀 수 있을 것이다. 지식은 학습을 통해 얻어지고 능력은 훈련과 연습을 통해 얻어진다. '판도'를 바꾸는 일은 인내와 수련을 통해 얻을 수 있다.

· 내 꿈을 이루고 싶다면 먼저 남의 꿈을 이루도록 도와주어라

"하늘은 영원하고 땅은 장구하다. 하늘과 땅이 오래도록 변하지 않을 수 있는 까닭은 그 스스로 낳지 않기 때문이다."

노자의 가르침이다. 풀이하자면 하늘과 땅은 서로 다른 존재로 서로에게 해를 끼치지 않고 그 스스로 생존하고 생동한다. 자생하기 때문에 다른 존재와 갈등이나 마찰을 일으킬 일이 없고 그 자체의 기운도 쓸데없이 소모하지 않을 수 있다. 그렇기에 하늘과 땅은 영원하고 영구하다는 말이나. 그래서 옛 성인들은 자신의 이익을 먼저 생각하지 않으면 오히려 더 큰 이익을 얻을 수 있다고 했다. 위험에 빠졌을 때 자신의 생명을 던지면 나를 아끼는 사람들이 적으로부터 지켜 주고 보호해 주어 목숨을 건질 수 있다고 했다. '이기'를 포기하면 오히려 내게 '이득'이 된다는 말이다.

이 원리는 직장에서도 똑같이 적용해 볼 수 있다. 문제가 생겼을 때 누군가를 탓하고 책임을 추궁하기보다 다른 사람을 위해 내가 할 수 있는 일을 찾아 도와주자. 내 일, 네 일을 나누지 말고 함께 협력해 보자. 언뜻 보면 남을 위해 희생하는 것 같지만 사실은 이 모든 게 결과적으로 나에게 돌아온다는 걸 기억하자.

남들이 내게 진심으로 대하길 원한다면 당신이 먼저 진심으로 다가가라.

즐거움을 얻고 싶다면 당신이 먼저 즐거움을 주어라.

사랑받고 싶다면 당신이 먼저 사랑하라.

관심받고 싶다면 당신이 먼저 관심을 기울여라.

친절을 받고 싶다면 당신이 먼저 친절을 베풀어라.

이 단순한 진리는 세상 모든 일에 적용할 수 있다.

당신이 누군가에게 즐거움을 주면 당신도 즐거워진다.

당신이 누군가를 위해 희생하면 누군가 당신을 위해 희생한다.

당신이 누군가를 축복하면 누군가 당신을 축복한다.

당신이 누군가를 칭찬하면 누군가 당신을 칭찬한다.

당신이 누리는 그 모든 것은 당신이 이미 행한 것이다.

당신이 누군가에게 한 행동은 언젠가 당신에게 그대로 돌아온다.

삶은 거울이다. 당신이 행한 모든 것은 결국에는 다시 당신 것이 된다.

단단한 삶으로 이끄는 성공 법칙

함께여야 진짜 강해진다

산터우의 한 리조트에서 진행했던 교육은 정말이지 특별한 경험이라서 기억에 많이 남는다. 교육에는 나를 비롯한 두 명의 강사와 모 패션 기업에서 온 핵심 간부 13명이 참가했다. 정확히 말하자면 교육이라기보다는 합숙과 멘토링, 연수가 합쳐진 일종의 핵심 간부 솔루션 프로그램이었다. 행사 3일째가 되자 분위기는 한층 무르익었다. 업계를 이끄는 브랜드로 거듭나기 위해 해야 할 일들이 무엇인지에 관해 모두가 적극적으로 토론했고, 기업의 발전에 영향을 미치는 핵심 요소들을 심도 있게 분석했다. 솔직하고 당당하며 성실하고 헌신적인 기업 분위기가 만들어지자 그 효과는 상상을 초월할 정도로 대단했다.

평소에는 해결하기 힘들었던 골치 아픈 문제들, 가령 핵심 간부 고용에서부터 직계 가족 간부들 간의 미묘한 관계, 지분 구조 개혁 등 예민한 이슈들을 수면 위로 꺼내 놓고 효과적인 해결 방법을 찾아냈다.

프로그램 마지막 날 저녁에는 분위기가 최고조에 달했다. 서로 수고했다며 안아 줄 때는 다들 눈시울을 붉히며 뜨거운 눈물을 흘리기도 했다. 사람이 가진 잠재력이 얼마나 대단한지 그날 그곳에 모인 사람들은 열 명이 조금 넘었지만 수십 명, 수백 명이 넘게 모인 듯한 열기와 에너지가 느껴졌다. 그날 밤, 잠시 어깨 위의 짐을 내려놓고 함께 즐겼던 노랫소리와 웃음소리는 모두의 마음 깊은 곳을 울리기에 충분했다. 나는 그곳에 모인 사람들이 이미 하나가 되었고 그 팀은 예전보다 훨씬 강한 유대감과 파워를 갖게 되었다는 걸 충분히 느낄 수 있었다.

영웅이 혼자 말을 타고 적들을 물리치며 세상을 평정하던 시대는 지났다. 이제 사회는 우리에게 팀플레이를 요구하고 있다. 팀의 번영과 발전은 팀원 개개인의 발전과도 깊은 연관이 있다. 모든 사람의 성공의 배후에는 팀의 지지와 도움이 있다는 걸 명심하자. 또 모든 팀의 성공은 팀원 전체의 땀과 노력이 있을 때 가능하다는 걸 기억해야 한다.

혼자 가면 빨리, 함께 가면 멀리

인생에는 언제나 문제들이 산적해 있다. 한 사람이 걸어가기엔 벅찬 그 길을 여럿이 함께 걸으면 훨씬 수월하다. 그러나 모든 사람이 나와 함께 걸을 수 있는 것은 아니다. 사람들은 저마다 자기만의 생각이 있어서 가고자 하는 방향이나 속도가 모두 다르기 때문이다.

그렇다면 나와 가장 잘 맞는 파트너는 어떻게 찾을 수 있을까? 그 파트너는 나와 닮은 사람이면 좋다. 최소한 같은 목표와 인생의 꿈을 가지고 있어야 한다. 같은 취미, 같은 언어를 사용하고 대화와 소통이 원활해야 하며 어려움을 만났을 때 서로에게 힘이 되어 주는 존재여야 한다. 기쁨은 함께 나누고 슬픔은 함께 짊어지는 사람이어야 한다. 무엇보다 중요한 것은 서로의 단점과 약점을 포용하고 눈감아 줄 수 있어야 한다. 만일 인생에서 그런 사람을 만났다면 당신은 정말 행운아이며, 멋진 인생의 기적을 만들어 낼 수 있을 것이다.

여럿이 함께 꿈을 이루려면 몇 가지 주의할 사항이 있다.

첫째, 혼자서는 빨리 걸을 수 있지만 멀리 가지 못한다. 함께 걸어야 멀리 갈 수 있다. 둘째, 내가 얼마나 멀리 갈 수 있는지는 누구와 함께 가느냐에 달려 있다. 셋째, 나의 재능을 아직 펼치지 못한 근본적인 이유를 찾아보

자. 기회는 반드시 올 것이다. 넷째, 완벽한 개인은 없다. 완벽한 팀이 있을 뿐이다. 팀과 하나가 되어 온전한 나를 완성하자.

영웅 한 명이 세상을 구하던 시대는 갔다. 이 사회에서 성공하고 싶다면 팀과 하나가 되어야 한다. 똑똑한 사람들은 생각한다.

'내가 이 팀을 위해 할 수 있는 일이 무엇일까?'

단단한 삶으로 이끄는 성공 법칙

우리 안의
숲이 자라는 시간

PART 8

덜어 낼수록
선명해진다

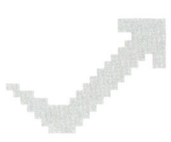

인생을 기획하고 내가 정말 하고 싶은 8가지를 찾아 계획을 세우고 실천하다 보면 매일 해야 할 일, 그것도 아주 사소하고 잡다한 일이 너무 많다는 걸 알게 된다. 그러다 보면 정작 중요한 일을 해야 할 때는 시간도, 기운도 없다. 매일 정신없이 바쁘게 지내기는 하는데 결과적으로 내가 원하는 것과는 정반대로 흘러가고 있을 때도 있다. 이럴 땐 어떻게 해야 할까?

그런 면에서 마오쩌둥은 전쟁 당시 탁월한 기지를 발휘했다. 그는 목표를 이루기 위해 작은 것들은 과감하게 버릴 줄 아는 사람이었다. 덕분에 해방군은 전쟁에서 큰 승리를 거두었다. 시바이포 혁명 기념관에는 1948년 10월 10일 그가 린뱌오林彪, 뤄룽환羅榮桓, 류야

단단한 삶으로 이끄는 성공 법칙

러우劉亞樓에게 직접 보낸 다음과 같은 전보가 전시되어 있다.

(1) 진저우 공격 개시일로부터 1주일이 관건이다. 이틀 혹은 사흘에 한 번씩 적군의 동향(적군의 진저우 방어 능력, 후루다오 및 진저우 서쪽 지원군과 선양 지원군의 동향, 창춘 적군의 동태)과 아군의 동향(진격 진도, 부상 및 사상병 정도)을 보고하도록 하라.

(2) 이 시기의 전세는 전에 말한 것처럼 우리에게 유리하게 전환될 수 있다. 그러나 진저우에서 적군을 멸살하는 것이 전제되어야 하며, 후루다오와 진저우 지원군의 일부를 무너뜨리고 창춘으로 도망간 적군의 일부 혹은 대부분을 진멸해야 한다.

선양 지원군을 다링허 이북 지역까지 몰아낸다면 진저우를 공격하기에 더없이 알맞은 조건이 된다. 병력을 이동하여 적군을 포위하게 된다면 선양 지원군을 공격할 수 있을 것이다. 하지만 기억하라. 이 모든 작전의 관건은 '일주일 안으로 진저우를 공격하는 것'이다.

(3) 아군의 진저우 공격 진도와 동서 두 길목에서의 적군 진도에 따라 병력을 배치하도록 하라. 만일 선양에서 적군의 행보가 느려지면(진저우를 공격하는 과정에서 창춘 포위망이 뚫리고 우리 12종대에 섬멸당하면 선양 국군이 마비되어 움직임이 느려지거나 멈출 것이다. 혹은 다시 창춘으로 후퇴할 수도 있다) 후루

다오와 진저우에서 국군의 움직임이 빨라질 것이다. 그러면 4종 부대와 11종 부대를 투입해 공격하도록 하라. 만일 후루다오와 진저우에서 국군이 우리 4종 부대와 11종 부대에 저지당해 움직임이 느려지고 창춘에서의 포위망이 뚫리지 않는다면 선양에서 빨리 움직일 것이다. 그러면 진저우에서 대부분의 적군을 몰아낼 수 있다. 이로써 선양의 적군을 다링허 이북까지 몰아가면 즉시 병력을 이동해 적군을 포위한 다음 섬멸할 수 있다.

⑷ 진저우 공격에 전력을 다하도록 하라. 이 지역을 최대한 빨리 선점하는 것이 무엇보다 중요하다. 다른 것은 실패한다고 해도 진저우만 선점한다면 주도권을 쥘 수 있다. 그러면 위대한 승리는 우리의 것이다. 앞에서 얘기한 몇 가지 작전은 여러분이 주의를 기울여 준비해 주길 바란다. 특별히 진저우 작전 초반에는 동서 국군의 움직임이 크지 않을 것이다. 그때 모든 힘을 진저우 작전에 쏟아부으라.

이는 당시의 상황을 생생하게 보여 주는 전보다. 그중에서도 작전 조항 4번에 등장하는 문구가 인상적이다. "다른 것은 실패한다고 해도 진저우만 선점한다면 주도권을 쥘 수 있다. 그러면 위대한 승리는 우리의 것이다."

실제로 진저우를 선점한 후 전체 동북전에서 태세가 완전히 전환

되었고, 해방군은 이른 시간 안에 동북 지역에서 승기를 잡았다. 이는 국민당과의 전쟁에서 승리하는 데 아주 중요한 발판이 되었다.

물론 이것은 특정한 역사적 시기에 쓰인 전쟁과 관련한 전보이지만 그 안에 숨겨진 이치는 지금 우리가 사는 시대에도 동일하게 적용된다.

사실 인생도 마찬가지다. 우리는 하고 싶은 일이 너무 많다. 그래서 별로 중요하지 않은 일에도 많은 시간과 에너지를 쏟아붓는다. 그러다 보니 정말로 내가 원하는 일, 내 인생에 엄청난 영향을 주는 일에 집중하지 못한다. 평생을 분주하게 살지만 돌아보면 아무것도 이룬 게 없는 것 같다는 느낌도 그래서이다.

인생에서 꼭 하고 싶은 8가지 일을 정했다면 거기에만 집중하라. 8가지를 찾았다면 설령 그 외에 다른 일은 이루지 못한다고 할지라도 충분히 가치 있고 성공한 인생을 사는 것이다.

우리는 포기하는 법을 배워야 한다.

잃는 게 있으면 얻는 게 있다. 내가 포기한 만큼 또 얻어지는 게 있다는 걸 기억하라. 내려놓음을 터득하는 인생이야말로 진정 지혜로운 인생이다.

미루지 말고
지금
시작하라

사람들은 꿈을 꾸고 인생을 계획하지만 그걸 제대로 실천하지는 않는다.

2차 세계 대전이 끝나고 처칠은 정치적으로 큰 타격을 입고 우울 증까지 앓았다. 마침 그의 이웃집에 화가가 살고 있어서, 가족들은 그에게 옆집에 가서 그림을 배워보는 것은 어떻겠냐고 권유했다. 그림을 배우던 첫날, 정치 무대에서 언제나 과감하고 용맹한 모습을 보였던 그이지만, 정작 순백의 캔버스 위에 무엇을 그려야 할지 몰라 오랫동안 망설였다. 그러나 그림을 그리려면 붓을 들어 뭐라도 그려야만 했다. 그게 시작이었다. 그저 앉아만 있다고 무언가 시작되지는 않는다.

혹시 당신에게도 그런 경험이 있는가? 새로운 시작 앞에서 선뜻 결정을 내리지 못하고 계속 망설였던 경험 말이다. 혹시나 잘못된 선택을 할까 봐, 책임질 수 없는 결과를 낳을까 봐 두려워하지 않았는가? 완벽하지 않은 시작을 두려워해서는 안 된다. 모든 조건을 하나도 빠짐없이 완벽하게 갖추고 시작하긴 어렵다. 그렇게 해서는 생각만 하다가 시작도 못 해 보고 끝나는 경우가 허다하다.

그날 오후, 처칠 역시 불완전한 시작 앞에 서 있었다. 캔버스를 수십 분 노려봤지만 대체 어디에서부터 붓질을 시작해야 할지 전혀 감이 잡히지 않았다. 너무 완벽한 시작만 생각하고 있었기 때문이다. 그 모습을 오랫동안 옆에서 지켜보던 화가는 아무런 말도 하지 않다가 그의 팔레트를 들어 올려 캔버스를 향해 확 뿌렸다. 하얀 종이는 순식간에 물감으로 뒤덮이고 말았다. 뭔가 대단한 그림이 그려질 것으로 기대됐던 캔버스가 엉망이 된 것이다. 그런데 그 순간 처칠은 갑자기 마음이 편안해지는 걸 느꼈고 그제야 붓을 들어 그림을 그리기 시작했다. 이것이 그의 첫 작품 활동이었다. 형편없는 그림이었지만 마음만은 너무나도 평안했다.

그 후로 그는 그림 그리는 걸 멈추지 않았다. 정치 활동을 하면서도 수십 년 동안 그림을 그린 그는 독특하면서도 과감한 화풍의 유화를 많이 그렸다. 중요한 건 그가 그림을 그린 후부터 자신감을 되찾기 시작했고 정치적으로 다시 일어섰다는 것이다.

    어느 기업에서 강의를 하기 전에 아이스 브레이킹을 했던 적이 있다. 이 시간은 한 신입 사원이 내놓은 질문에서 시작되었다. 그는 오랫동안 면담하며 공감대를 형성한 고객이 돌연 문제를 제기하며 태클을 걸어올 때는 어떻게 해야 할지 몰라 고민이라고 했다. 사람들은 서로 다른 각도에서 다양한 의견과 전략을 제시했다. 그 순간 강의가 아주 수준 높은 '소통 교육-실전편'으로 바뀌었다. 사람들은 집단 지성을 통해 서로의 지혜를 나누었다. 그리고 마지막으로 그 신입 사원에게 감사의 인사를 전했다. 자신의 부족함을 다른 사람에게 기꺼이 공개한 그의 용기와 행동이 고마웠기 때문이었다.

    그날 교육이 끝난 뒤 감동적인 일이 일어났다. 그때 그 사원은 궁금증을 해결한 뒤에 건의를 하나 했다. 그는 신입 사원이라면 좀 전에 이야기했던 비슷한 상황을 모두 겪게 될 테니 그것을 하나의 자료로 만들어 배포하는 것이 어떻겠느냐고 말이다. 그 자리에 있던 모든 신입 사원이 만장일치로 찬성했다. 정상적인 업무 프로세스 대로라면 해당 업무는 인사 교육팀에서 진행하는 게 맞겠지만, 그날은 각 부문별로 먼저 나서서 관련 자료를 수집하고 초안을 만드는 일을 진행했다.

    흔히 이런 경우에는 프로세스대로 모든 자료가 다 모이고 사례를 완성한 뒤에 진행하는 것이 일반적이다. 하지만 그들은 달랐다. 지금 당장 시작하자는 것이었다. 물론 부서별로 만든 자료가 완벽하진 않을 수 있지만 제작 과정에서 또 한 번 배울 수 있다는 게 그들의 의견이었다. 회사에는 프로세스가 존재하지만 그것을 융통적으로 활용할 때 더 많은 기회와 혁신을 만들어 낼 수 있다. 행동과 완벽한 결과, 그 사이에는 팀의 헌신과 공헌, 실천하는 용기, 지혜를 기꺼이 나누고자 하는 마음이 존재한다. 그리고 이것이 존재하는 회사와 기업은 크게 성장한다.

그날의 교육을 통해 우리는 행동과 실천의 중요성을 깨달았다. 실패와 실수를 두려워하지 말자. 행동하는 사람, 약점을 직시하고 인정하는 사람은 계속 성장한다. 성장하는 시간이 쌓이다 보면 성공은 자연스레 찾아오게 되어 있다.

지금 무언가를 시작하는 사람이라면 완벽하지 않을지라도 행동해야 한다. 완벽한 시작, 완벽한 때란 없다. 완벽한 때가 있다고 생각하고 기다리는 사람들은 그 과정에서도 송송 방설이나가 기회를 잡지 못한다. 그러고는 실천하지 못하는 이런저런 이유와 핑계를 찾는다. 가만히 기다리기만 하면서 성장하는 사람은 없다.

능력이 뛰어나야만 문제를 해결하는 게 아니다. 문제를 과감히 직면하고 행동하기 때문에 능력이 생기는 것이다.

말의
무게를
견디는 사람

　인생에서 정말 하고 싶은 8가지를 계획하면 처음에는 열정으로 가득 차서 실행에 옮기기 시작한다. 그런데 이 과정 끝에 진정으로 성공을 거두고 싶다면 잊지 말아야 할 두 가지가 있다. 첫 번째는 그 열정을 계속 유지하는 것, 두 번째는 약속한 것은 반드시 지키는 것이다.

　'약속'이라는 건 언급한 사항은 꼭 지키는 것이다. 이는 자신에 대한 것은 물론 타인에 대한 것까지 모두 포함된다. 약속만 하고 지키지 않으면 당신의 신뢰는 날이 갈수록 떨어질 것이다. 리더의 자리에 있는 사람이라면 특히 더 중요하다. 팀원들 앞에서 "나는 이러이러한 목표가 있다.", "나는 이러이러한 팀을 만들 것이다."라고 약속해 놓고 실천하지는 않는다면 팀원들의 사기를 떨어뜨리는 것은 물론 신뢰도 잃는다. 어떤 열정을 품고 자신과 팀에게 무언가를 약속했다면 하늘이 무너져도 꼭 지키겠다는 일념을 가져야 한다.

　기원전 4세기, 이탈리아에 피시아스라는 청년이 있었다. 시라큐스 왕은 그를 반체제 인사로 규정해 사형을 선고했다. 그는 마지막으로 왕에게 고향에 내려가 부모님을 뵙고 돌아오겠다고 간청했다. 그러나 왕은 반대했다. 만일 그를 대신해 감옥에 갇혀 있을 수 있는 사람을 데려오면 생각해 보겠다고 했다. 그리고 집행일에 돌아오지 않을 경우 그 사람을 대신 사형시키겠다고 엄포했다.

　왕은 자신이 내놓은 공약이 사실상 불가능한 일이라 여겨 제안한 것이다. 친구를 위해 목숨을 내놓는 사람은 없을 것이라 생각했기 때문이다. 그러나 피시아스가 데려온 데이먼이라는 친구는 기꺼이 그를 대신해 감옥에 가겠다고 약속했다. 그렇게 피시아스는 마지막으로 부모님을 뵈러 고향길에 올랐다.

　그의 집은 아주 먼 곳에 있었다. 왕이 그에게 허락한 시간은 15일이었다. 만일 15일 이후에 돌아오지 않으면 데이먼이 대신 목숨을 잃을 것이라고 경고했다. 그리고 눈 깜짝할 사이에 14일이 지났다. 사람들은 데이먼이 속은 것이라고 비아냥거렸다. 피시아스는 절대 다시 돌아오지 않을 거라고, 왜 바보같이 죽음을 기다리고 있느냐며 비웃었다. 마지막 15일째 되던 날, 데이먼은 사형 집행장으로 향했다. 구경꾼들의 비난과 조소가 쏟아졌지만, 웬일인지 데이먼은 평온한 얼굴이었다. 그가 교수대에 올라선 순간 어디선가 다급한 목소리가 들려왔다.

"멈추시오! 제가 돌아왔습니다!"

사람들은 제 눈으로 보고도 믿지 못했다. 피시아스가 돌아온 것이었다. 그는 데이먼을 사형장에서 내려오게 한 뒤 자신이 올라갔다. 이 소식은 빠르게 왕에게 전해졌다. 이야기를 들은 왕은 약속을 지킨 피시아스와 두 사람의 우정에 감동해 두 사람 모두를 풀어 주었다.

이야기는 약속의 중요성을 강조한 것이다. 사람들이 만일 피시아스처럼 약속을 지켰다면 우리가 사는 사회는 지금과는 아주 다른 모습이었을지도 모른다. 사람들은 약속을 밥 먹듯이 하지만 또 이를 밥 먹듯이 어긴다.

한 마케팅 회사 대표가 직원들에게 매출에 따라 연말에 인센티브를 수여하겠다고 말했다. 그해 시장 경기는 예상보다 훨씬 좋았고, 직원들은 저마다 높은 실적을 기록했다. 그중에서도 최고 매출을 기록한 직원은 예정대로라면 연말에 엄청난 성과급이 보장되어 있었다. 하지만 예상했던 인센티브의 범위를 훨씬 초과하자 대표는 그 직원을 불러 넌지시 말했다.

"올해 시장이 이렇게 잘 풀릴 줄 몰랐네. 그래서 자네가 한 번에 수천만 원의 상여금을 받기는 힘들 것 같아. 그런 선례가 없었거든. 그리고 그럴 경우 다른 직원들은 상대적 박탈감이 매우 클 거야. 그래서 상여금을 좀 줄여야 할 것 같은데 자네 생각은 어떤가?"

어이없지만 이런 상황은 비일비재하게 발생하고 있다.

과거에 3G 장비가 시장에서 통용되기 전에 그 상품을 전문적으로 판매하던 학생이 있었다. 일반적인 상품이 아닌지라 판매는 쉽지 않았다. 하루는 그가 울상을 하고 나를 찾아왔다.

"선생님! 정말 힘들어 죽겠어요."

무슨 일이야고 묻자 그는 답답한 자신의 상황을 털어놓았다.

"지금 다니는 회사를 그만두고 싶은데 지금까지 일한 게 있어서 막상 그러자니 아쉬워서요. 하지만 하루하루 정말 힘들어서 더는 안 되겠다는 생각만 드네요. 사실 지금 3G 장비를 판다는 게 쉽지 않아요. 아직 허가가 정식으로 떨어지지 않았잖아요. 이제 곧 떨어진다고는 하지만 그게 언제가 될지 알 수도 없는 노릇이구요. 그래서 회사에서 직원들에게 제품을 판매할 때마다 매출의 3%를 인센티브로 주겠다는 파격적인 제안을 했어요. 하지만 대부분 장비가 너무 비싸서 팔 엄두조차 못 내요. 그런데 제가 오랫동안 공들인 업체가 있었는데 드디어 얼마 전에 50억짜리 제품을 판매하는 데 성공했지요."

"와! 진짜 대단하다. 그런데 왜 죽상을 하고 있는 거야?"

"원래대로라면 상여금이 1억 5천만 원이잖아요. 아직 정식으로 상장하기 전에 이렇게 큰 계약을 성사시키기는 정말 어렵거든요. 그런데 저 하나만 성과를 내면 뭐해요. 다른 직원들은 모두 실적이 저조해 회사 수익이 적자라고 저한테 3% 상여금을 못 준대요. 200만 원만 받을 수 없겠냐고 하더라고요."

그는 그 얘기를 듣고 너무 상심이 컸다고 한다. 결국 오랜 고민 끝에 그는 회사를 나왔다.

생각해 보라. 뱉은 말을 책임지지 않는 리더를 누가 따르려 하겠는가? 그러니 처음부터 무리하게 '3% 상여금' 약속을 내걸면 안 된다. 직원들이 모두가 동의하면 1%라도, 0.1%라도 상관없다. 중요한 건 약속한 대로 지키는 것이다. 사전에 깊이 생각해 보지 않은 채 우선 말부터 뱉고 보는 사람은, 게다가 그 뱉은 말마저 책임지지 않는 사람은 리더의 자격이 없다. 나는 이런 사람은 리더는 물론 사원의 자리에도 어울리지 않는다고 생각한다.

사실 그래서 딜레마에 빠지는 것이기도 하다. 많은 리더가 이 문제 때문에 골치를 앓는다. 전체적인 상황을 정확히 이해하지 않은 채 무조건 목표를 달성하기 위해 말도 안 되는 약속을 일단 저지르고 보는 것이다. 그러나 막상 상황에 닥치면 약속도 제대로 못 지키고 후회에 몸서리친다. 이럴 때는 리더의 결단이 필요하다. 여기서 할 수 있는 선택은 두 가지다.

첫째는 손해를 보더라도 직원들에게 '우리 사장은 말한 건 꼭 지킨다'는 신뢰를 주는 것이다. 그러면 일단 개인 혹은 회사 비용으로 1억 5천만 원을 지불해야 한다. 회사로서는 잠시 손해를 볼 수 있겠지만 직원들에게는 '이런 대표와 함께 일하면 아무리 힘들어도 할 수 있을 것 같다'는 생각을 심어 줄 수 있다. 그러면 그 다음 달부터 차차 손해를 메울 수 있고, 어느 정도 실적도 올릴 수 있다. 사장으로서는 인심도 얻고 자본도 얻는 셈이다.

그렇지만 위 사례의 사장은 여느 다른 대표와 별반 다를 것 없는 선택을 했다. 이것은 회사의 손해를 줄이고 사람 하나만 잃는 것 같아 보이지만 절대 그렇지 않다. 앞으로 점점 얻는 것보다 잃는 게 훨씬 많을 것이다. 가장 큰 것은 퇴사한 직원 이외의 나머지 직원들의 신뢰를 잃은 것이다. 아마도 이 일을 통해 직원들은 앞으로 퇴사한 직원처럼 열심히 할 필요가 없다고 여길 것이고, 심지어 더 대우가 좋은 회사로 이직할 기회만 호시탐탐 노릴 것이다.

결국 이 사례를 통해 우리가 알 수 있는 것은 두 가지다. 첫째, 약속은 절대 가볍게, 아무렇게나 해서는 안 된다. 상황을 정확히 파악

한 뒤에 해야 한다. 둘째, 일단 약속했으면 무슨 일이 있어도 반드시 지켜야 한다.

"적절하지 않은 일에 대하여 가볍게 승낙하지 마라. 가볍게 한 약속은 이행하지 못하거니와 이행하더라도 엉터리인 양난에 빠진다."

공자의 핵심 사상과 유가의 예법을 설명한 『제자규弟子規』에 나오는 가르침을 마음에 잘 새겨야 할 것이다.

위대한 변화는 조금씩 시작된다

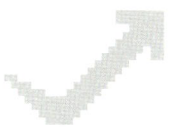

2차 세계 대전 이후 빠르게 성장한 일본 기업들은 수많은 글로벌 브랜드를 탄생시켰다. 그 배경에는 미국에서 '품질의 대가'라고 불리는 에드워드 데밍의 조언과 가르침이 있었다. 일본 기업들은 '매일, 조금씩 성장하라'는 그의 조언을 기업 운영 방침에 반영했다.

데밍은 가장 처음 이 개념을 미국 자동차 회사인 포드사에 설파했다. 그러나 당시 전성기를 달리던 포드에겐 통하지 않았다. 공급이 수요를 따라가지 못하던 때였다. '전 인류가 고속도로를 달리게 하겠다'고 내걸었던 카피 문구만 봐도 그들의 당찬 포부를 엿볼 수 있다.

2차 세계 대전이 끝난 뒤 일본 기업은 경제 부흥을 위해 데밍을 초청했다. 그는 제품의 품질을 글로벌 스탠더드에 맞춰 생산해야 할 뿐 아니라 기업은 '날마다 조금씩 무한대로' 성장해야 한다고 강조했다. 미국인들은 이 말을 귀담아듣지 않았지만 일본인들은 그의 조언을 착실히 따랐다. 현재 세계적인 일본의 기업들은 데밍을 성공의 일등공신으로 내세운다. 일본에서 선진 기업에 수여하는 상의 이름이 '데밍 상'인 것만 봐도 알 수 있다.

세상에는 영원한 1등도, 영원한 꼴등도 없다. 데밍의 가르침으로 일본 기업들은 서서히 강해졌다. 그들은 미국 시장에 성공적으로 진입해 우수한 성적을 기록하기 시작했고 점차 시장 점유율을 높여갔다. 심지어 미국 시장을 모두 선점하고야 말겠다는 야심을 드러내기도 했다.

한편, 잘 나갔던 포드는 당시 수십억 달러의 연간 적자를 기록해 파산할지도 모르는 심각한 위기에 몰려 있었다. 그들이 생각해 낸 방법은 다시 데밍을 초빙하는 것이었다. 그러나 데밍은 새로운 것을 가르치지 않았다. 그는 여전히 '매일, 조금씩' 성장하는 것에 대한 중요성을 강조했다. 그렇게 해야만 다시 살아날 기회가 있다고 말했다. 이번에는 포드의 경영진이 겸허히 그의 조언을 따랐다. 그렇게 3년 동안 노력한 끝에 적자에서 흑자로 돌아설 수 있었고, 얼마 후 연간 매출 60억 달러라는 기록을 만들었다.

단단한 삶으로 이끄는 성공 법칙

LA 레이커스의 전 농구 감독인 팻 라일리에 관한 유명한 일화가 있다. 팀이 시즌 최악의 성적을 기록하고 있을 때 영입된 그는 팀원들에게 말했다. "모든 사람이 매일 1%씩만 성장하면 된다. 할 수 있겠지?" 팀원들은 수긍했다. 1%면 그리 어렵지 않아 보였다. 그들은 매일 그 목표를 향해 훈련하고 시합에 나섰다. 그 결과, 포인트 가드, 슈팅 가드, 스몰 포워드, 파워 포워드, 센터와 같은 각각의 포지션에서 선수들이 1%씩 성장했다. 그해 그들은 슬럼프를 벗어나 우승의 영예를 안았다.

우승의 비결을 묻는 인터뷰에서 팻 라일리 감독이 말했다.

"해마다 포지션별로 1%씩 성장하면 총 다섯 포지션에서 5% 성장하게 됩니다. 선수 12명을 합치면 총 60%죠. 매년 60% 성장하는 팀이 우승하지 않으면 누가 할 수 있겠어요?"

하루아침에 정상에 오르려 하지 마라. 어느 날 갑자기 크나큰 기적이 일어나길 바라지 마라. 매일, 조금씩 성장하고 있다면, 그리고 그것을 계속 유지한다면 그것으로 충분하다. 매일 조금씩의 성장이 1년, 10년, 수십 년 쌓이면 변화는 일어난다.

그렇다면 매일 조금씩 성장한다는 건 무엇일까? 개인적으로는 끊임없이 깨닫고 끊임없이 공부하며 끊임없이 보완하는 것이라고 생각한다. 그러면 끊임없이 깨닫는다는 건 무슨 뜻일까?

하루는 재미있는 꿈을 꿨다. 꿈속에서 나는 베이징의 한 깊은 산 속에 있는 연수원에 있었다. 연수원을 돌아다니다가 실험학교 류 교장 선생님을 만났다. 오랫동안 못 봬서 궁금하던 참이었다. 꿈속 의 그는 백발이 성성한 모습이었다.

"2003년에 우리 학교에 오셔서 강의하고 가신 뒤로 아이들이 참 많이 변했습니다." 그는 내게 여러 차례 감사의 인사를 전하고는 마 지막에 이렇게 덧붙였다. "그런데 조금 더 노력하셔야 할 것 같아 요." 그의 조언에 나는 이렇게 물었다. "네? 구체적으로 어떤 부분을 말씀하시는 걸까요?"

그 순간 나는 잠에서 깼다. 그런데 꿈속에서 했던 내 말이 자꾸만 마음에 걸렸다. 곰곰이 생각한 끝에 나는 내 대화 방식의 문제점을 깨달았다. 나는 질문을 좋아하는 사람이다. 문제의 근본을 파헤치는 걸 특히 좋아한다. 그런데 그게 어떨 땐 효과가 있지만 어떨 땐 상대 방을 불편하게 한다. 하지 않아도 될 질문을 할 때도 있다. 그 꿈이 그랬다. 사실 그건 물어보지 않아도 되는 말이었다. 그냥 곰곰이 생 각하면 내가 어떤 면에서 더 노력해야 할지 알 수 있는 것이었다.

나에게는 정부 관직에서 일하는 친구 한 명이 있다. 그 역시 배우 고, 문제의 본질을 파헤치고 파고드는 걸 좋아한다. 그런데 그와 같 이 있으면 마음이 불편하다는 소리를 주변에서 많이 들었다. 혹시 나 말 한마디라도 잘못하면 너무 많은 질문을 해대는 통에 스트레

단단한 삶으로 이끄는 성공 법칙

스를 받는다는 것이다. 만일 그 친구가 앞으로도 이 문제를 고치지 않으면 대인 관계에 문제가 생길 수 있다. 그런데 내가 그 친구와 닮았다는 생각이 불현듯 들었다.

깨달음이라는 건 바로 이런 것이다. 내가 지금 한 행동, 내가 뱉은 말이 어떤 결과를 가져오는지, 그리고 고쳐야 할 것은 없는지 돌아보고 발견하는 것이다. 빨리 성장하는 사람은 끊임없이 자신을 돌아보고 깨달음을 얻기 때문이다.

이것은 우리를 매일, 조금씩 성장하게 한다. 이러한 훈련이 일종의 습관으로 자리 잡으면 내가 하는 모든 일, 모든 말, 모든 생각, 호흡하는 모든 순간, 심지어 꿈속에서까지 깨달음을 얻을 수 있다. 그런 사람이 어찌 성장하지 않을 수 있으랴.

행복을 위한 '세 가지 질문'

야심 차게 계획을 세우고 실천하다 보면 생각지 못한 여러 난관에 봉착한다. 그러면 우리는 고민한다. '포기할 것인가. 계속할 것인가.' 이와 관련해서 여러분에게 들려주고 싶은 이야기가 있다.

지구 온난화가 심각해지면서 2000년부터 본격적으로 베이징을 비롯한 화베이 지역에 황사가 연속적으로 나타나고 있다. 2000년 4월 22일, 우리는 100명의 회사 직원과 300명의 자원봉사자로 대규모 팀을 꾸려 해당 지역 공원에 나무를 심는 캠페인을 진행했다. 당시 사회 각계 인사들의 응원과 격려가 끊이지 않았고, 각종 매스컴에서도 이 소식을 앞다투어 보도했다. 일순간에 우리 회사가 공익에 앞장선 친환경 기업으로 인정받은 것 같아 직원 모두가 뿌듯해했다.

하지만 좋은 날은 오래 가지 못했다. 비가 내리지 않자 땅이 심각하게 메말랐다. 설상가상으로 본래 자갈과 벽돌이 많은 땅이었는데 관리가 잘되지 않아 1년 사이에 절반가량의 나무가 모두 말라 죽었다.

박수의 양은 질타의 양과 비례한다. 2001년 3월, 봄이 되었고 나무를 심기 좋은 계절이 왔다. 그러자 한 신문사에서 우리 회사를 겨냥한 기사를 지면 하나에 가득 실어 내보냈다. 헤드라인은 '기업의 나무 심기, 무엇을 위한 쇼인가?'였다. 내용인즉슨 '작년에 심은 나무들이 올해는 거의 다 말라 죽어 흔적을 찾아보기 힘들다', '결국 친환경, 공익이라는 건 기업들이 명성을 얻기 위한 일종의 수단에 지나지 않는다'는 것이었다.

그런데 이건 악몽의 시작에 불과했다. 1년 전, 우리에게 아낌없는 찬사를 보냈던 대형 매스컴들이 언제 그랬냐는 듯 자극적이고 악랄한 표현으로 우리를 깎아내리기 시작했다. 하루아침에 우리는 이익만 앞세우는 교활한 기업으로 전락했다.

미디어의 힘은 실로 대단했다. 여론의 무차별적인 공격 앞에서 우리 회사의 사회적 신뢰도는 수직 하강했다. 많은 고객이 의심의 눈초리를 보내며 비난했고 더는 우리의 서비스를 이용하지 않았다. 거래선들이 대금을 지불하지 않았고 계약을 파기하는 업체도 생겨났다. 회사 매출 역시 고꾸라지기 시작했다.

위기에 몰리자 회사의 몇몇 간부들은 화를 냈다. 악의적이고 지극히 주관적인 보도로 회사 이윤에 막대한 손해를 입힌 언론사들을 고소하자는 사람도 있었고, 다시는 그런 공익 캠페인 따위는 하지 말자고 말하는 사람도 있었다. 그런 그들에게 나는 『논어』에 나오는 구절을 인용해 말했다.

"군자는 남이 자신을 알아주지 못할까 걱정하지 말고 내가 남을 몰라줄까 걱정하라고 하셨습니다. 남들이 우리의 선행을, 진심을 몰라준다고 해서 화낼 필요는 없습니다."

그 대신 나는 '행복을 위한 세 가지 질문'을 근거로 생각해 볼 것을 제안했다.

1. 우리가 놓친 것은 무엇인가?

2. 우리는 이번 일을 통해 무엇을 배웠는가?

3. 앞으로 어떻게 해야 지금의 상황을 바꿀 수 있을까?

좋은 질문이 좋은 대답을 낳는다. 우리는 이 질문을 통해 다음의 답을 얻었다.

단단한 삶으로 이끄는 성공 법칙

1. 우리는 선한 마음으로 나무를 심었지만 후반에 잘 관리하지 않아 절반 가량의 나무가 죽어 버렸다.

2. 앞으로 선행을 한다면 유종의 미를 거두어야 한다. 시작만 화려해서는 안 된다.

3. 달걀로 바위를 깨뜨리는 건 무리다. 대형 언론사들이 연합해서 우리를 공격하는 이상 지금 우리가 할 수 있는 일은 벌어진 상황을 수습하고 다시 그곳에 녹지화 작업을 실시하는 것이다.

이러한 결론을 바탕으로 우리는 행동에 나섰다. 모든 회사 직원들이 함께 나서서 먼저 말라 죽은 나무를 걸러 내고 비료와 영양분을 공급했다. 그 후로 매년 봄마다 정기적으로 제충 작업을 해 주고 잡초를 뽑고 비료를 주는 일을 이어왔다. 그러다 보니 금세 10년이 지났다.

현재 우리 회사에는 신입 사원들에게 업무보다 먼저 주어지는 임무가 있다. 바로 '텅다린 숲 가꾸기' 봉사에 다녀오는 것이나. 텅나린 숲은 지금 녹색으로 우거져 있다.

개인적인 생각이지만 우리 회사 직원들은 이 일을 매우 자랑스러워할 것이다. 이 캠페인을 통해 모두가 사회에 기여하고 있고 이 세상을 조금 더 살기 좋게 꾸며내고 있기 때문이다. 나 역시 우리는 하늘에서 세상에 파견된 특사들로 더 많은 사람의 성공과 행복, 즐거움을 위해 기꺼이 봉사하고 지지해야 하는 사명이 있다는 믿음이 더 커졌다. 우리 모두는 사랑의 사도이자 즐거움의 사도이며 성공의 사도이다. 한 사람 한 사람이 심은 사랑의 불씨가 모여 이 세상을 영원히 밝혀줄 것이라 믿는다.

성공을 위해 나아가는 우리의 발걸음을 막을 수 있는 것은 아무것도 없다. 나는 여러분 역시 '행복을 위한 세 가지 질문'을 활용해 부정적 정서에서 벗어나 성공을 향해 성큼성큼 걸어가는 삶을 살길 바란다.

쓰러진 자리에서 다시 함께 일어나다

1997년 11월 18일, 나는 처음으로 회사를 설립했다. 규모는 크지 않았다. 직원 4명 중 나를 제외한 나머지 3명은 파트타이머였다. 나는 대표이면서 영업, 서비스, 카운터, 기사 등등 모든 허드렛일을 도맡아 했다. 사실 내가 거의 모든 일을 한다고 해도 과언이 아니었다.

매일 밤낮 없이 일했다. 그런데도 한 달이 지나자 적자가 나왔다. 그렇다고 달리 자본금이 있는 것도 아니었다. 그러나 우리는 포기하지 않았다. 더 많은 사람에게 알리기 위해 회사 홍보를 멈추지 않았다. 또 친절하고 감동적인 서비스로 고객을 사로잡았다. 시간이 지나자 재구매 고객이 많아지고 회사 매출도 점점 늘어났다.

1998년, 회사가 드디어 안정적인 궤도에 올라섰다. 조금씩 성장하면서 꿈을 실현하는 것 같았다. 하지만 예상치 못한 재난이 우릴 덮쳤다. 1999년 2월 8일, 회사 창립 1주년을 좀 넘기고 출장을 갔던 회사 직원들이 큰 교통사고를 당한 것이다. 그때 정말 나는 내 인생이 끝났다고 생각했다.

사고는 외지에서 발생했다. 연락을 받고 급히 달려갔을 때는 이미 팀장 둘과 차량 기사가 응급실 침대에서 사경을 헤매고 있었다. 온몸이 피범벅이었고 얼굴은 붓고 찢어져서 누가 누군지 알아볼 수 없을 정도였다. 다행히도 한 명은 생명에 지장이 없었지만 나머지 두 명은 상태가 매우 위

중했다.

매일 함께 사무실에서 일하며 밥을 먹던 나의 '전우들'이 그 지경이 되어 병상에 누워 있다니, 눈으로 보고도 믿을 수가 없었다.

"그나마 목숨은 구했지만 깨어난다고 해도 예전처럼 걷기는 힘들 겁니다. 특히 지금 혼수상태에 빠진 두 분은 깨어나지 못할 수도 있습니다."

의사의 말을 들었을 때는 하늘이 무너지는 것 같았다. 두 다리에 힘이 빠져서 제대로 서 있기조차 힘들었다. 눈물이 멈추지 않았다.

"선생님! 이분들은 분명히 깨어날 겁니다. 그러니까 최선을 다해 주세요. 부탁드립니다!"

잘 기억은 나지 않지만 아마도 나는 그날 담당 의사의 바짓가랑이를 붙들고 병원이 떠나가라 소리를 지르며 통곡했던 것 같다. 그렇지만 의사는 고개를 저으며 최선을 다해 보겠지만 큰 희망은 걸지 않는 게 좋을 것 같다고 말했다.

하루, 이틀 시간이 흘러갔다. 그들의 병원비를 감당하기 위해 회사 재정은 점점 바닥나기 시작했다. 며칠 후, 혼수상태에 빠져있던 팀장 한 명이 기적처럼 깨어났지만 전혀 알 수 없는 말만 되풀이했다. 중환자실에서 산소 호흡기를 끼고 있는 기사는 좀처럼 깨어날 기미가 없었다. 그에게 들어가는 치료비만 수천만 원이었다. 하지만 나는 기적은 일어날 것이라 믿었다.

사고 차량은 폐차를 시켰고 싣고 있던 모든 물품은 폐기했다. 우리 쪽 과실로 발생한 사고였기에 우리 측 기사가 100% 책임을 져야 했다. 게다가 상대측에서는 배상금까지 요구했다. 본래 차량을 매매할 계획이었기 때문에, 부끄럽게도 얼마 전 만기 되었던 보험은 연장하지 않았었다. 불행은 그렇게 손을 잡고 한꺼번에 들이닥쳤다.

돈줄은 점점 말라갔다. 한 친구는 내게 "그 사람들 치료비까지 책임질 필요는 없다, 그러다가 너까지 파산해 버린다, 이제 그만둬라."라고 말했다. 그의 말에 나는 이렇게 말했다.

"그래도 같이 동고동락했던 팀원들을 어떻게 나 몰라라 해. 하늘이 날 이렇게 버리진 않을 거야. 어딘가 길이 있을 거야. 막노동을 하는 한이 있어도 그 사람들은 살릴 거야!"

사랑은 중요하다. 그러나 이 세상은 지극히 현실적이고 냉정하다. 사랑하는 마음만으로 해결할 수 없는 일이 너무도 많다. 능력도 있어야 한다. 회삿돈은 진즉에 바닥이 났다. 친척들과 지인들에게 돈을 빌리는 데도 한계가 있었다. 회사가 부도 직전이라는 소문이 시장에 돌기 시작했다. 고객들은 등을 돌렸고, 거래처들은 대금을 재촉하기 시작했다. 은행 대출 심사도 번번이 막혔다. 갖은 방법을 다 동원해 보았지만 더는 병원비를 감당할 수 없을 것 같았다.

정말 길이 없는 걸까? 이대로 치료를 못 하는 걸까? 회사는 이대로 문을 닫아야 하는 걸까? 내 꿈도 이렇게 사라지는 걸까?

정말 많은 사람이 내게 포기하라고, 왜 사서 고생을 하느냐고 했다. 하루 빨리 사업을 접고 공공기관에 들어가 월급이라도 받으라고, 아니면 대기업에 취업 원서를 넣어 보라고 했다.

인생이 원래 그렇다. 앞으로 꽃길만 걸을 것처럼 창창한 그때 꼭 불행이 찾아온다. 그러고는 우리에게 하나를 고르라고 강요한다. 포기할 것인가? 계속할 것인가?

이루어지지 않는 꿈도 있죠

헤쳐나갈 수 없는 폭풍도 있고요

지금 살고 있는 지옥과는 다른 모습일 거라고

지금 느끼는 것과는 완전히 다른 삶일 거라고

내 삶을 꿈꾸어 오곤 했었지만

이제는 삶이 내가 꿨던 꿈을 무너뜨렸어요

수잔 보일의 'I Dreamed A Dream'에 나오는 가사 중 일부다.

여러분이라면 어떻게 하겠는가? 이럴 때, 어떤 선택을 하겠는가?

단단한 삶으로 이끄는 성공 법칙

1948년, 영국 옥스퍼드 대학에서 '성공의 비결'이라는 제목의 강연이 열렸다. 초대 강사는 당시 세계적으로 존경과 사랑을 받던 영국의 윈스턴 처칠 수상이었다. 대형 매스컴들은 이날의 강연을 석 달 전부터 대대적으로 홍보하며 보도했고, 각계 유명 인사들은 처칠이 과연 어떤 이야기를 할지 기대에 차올라 그날만을 손꼽아 기다렸다.

강연이 있던 날, 강연장은 사람들로 인산인해를 이루었다. 전 세계 유명 매체들도 취재를 위해 몰려들었다. 노벨 문학상을 받은 정치가이자 외교가, 문학가인 처칠이 말해 주는 '성공의 비결'이란 얼마나 대단할 것일지 사람들은 감히 상상조차 하지 못했다.

우레와 같은 박수를 받으며 강단에 올라선 처칠은 이내 손짓으로 박수를 멈추었다. 그러고는 강연을 시작했다.

"저의 성공 비결은 세 가지입니다. 첫째, 절대 포기하지 않는다. 둘째, 절대, 절대 포기하지 않는다. 셋째, 절대, 절대, 절대 포기하지 않는다! 제 강연은 여기까지입니다."

순간 쥐 죽은 듯한 적막이 흘렀다. 그리고 잠시 후 갑자기 폭발하듯 터져 나온 뜨거운 박수 소리는 아주 오랫동안 이어졌다.

나는 이 이야기를 생각하며 버텨 냈다.

'포기하지 않을 것이다. 절대로!'

기업가가 되겠다고 결심한 그 순간부터 내 꿈은 비단 나 혼자만의 꿈이 아니었다. 그것은 우리 회사 직원 모두의 꿈이었고 훗날 우리 기업의 도움으로 학교를 다니고 새로운 인생을 살게 될 아이들의 꿈이었다.

나는 더 이상 개인이 아니었다. 나는 책임자였다. 나는 그들의 목숨과 건강에 책임을 저야만 했다. 나에게는 그런 의무가 있었다. 곧바로 나는 전체 회의를 소집했다. 그리고 절대로 포기하지 않을 거라는 나의 의지와 생각을 천명하고 직원들에게 도움을 요청했다. 이 난관을 함께 극복하자고, 병상에 누워 있는 세 명을 돌아가며 간병해 달라고 호소했다.

아직도 또렷이 기억한다. 그날은 설 전날이었다. 그러니까 사고가 난 지 9일째 되던 날이었다. 아픈 직원 옆을 지키고 있는데 그가 나를 위로하기 위해 힘들게 소리를 내어 말했다.

"제가 대표님을 너무 힘들게 하네요. 어차피 이제 일어나도 못 걷는다는데 뭘 그렇게 열심히 간호하세요. 설은 그래도 가족들과 보내셔야지요."

"무슨 말씀이세요. 지금 팀장님이 하는 고생에 비하면 저는 아무것도 아니에요. 절대 포기하면 안 돼요. 팀장님은 반드시 일어날 거예요!"

눈물이 앞을 가렸다. 하지만 나는 그 자리에서 대형 병원 의사로 근무하는 큰 매형에게 전화를 걸었다. 그리고 매형을 통해 이런 사고를 당하고도 기적처럼 일어나 잘 살아가는 환자들의 사례를 그에게 들려주었다. 우리는 그날 밤을 눈물과 감동 속에 지새웠다.

그해에는 친척들이 아니라 여러 기업과 공공 부처 관계자를 찾아가 새해 인사를 드렸다. 지성이면 감천이라고 했던가. 드디어 하늘이 내게 길을 열어 주었다. 한 은행장이 우리 이야기를 듣고 1억 원의 대출을 승인해 주었다. 게다가 기업 대출까지 지원해 주어 당장 막혀 있던 회사의 자금난을 해결할 수 있었다.

14일 후, 차량 기사가 기적처럼 깨어났다. 깨어나자마자 극심한 통증을 호소한 그는 곧바로 검사를 거쳐 파손된 장기를 회복하는 수술을 받았다. 의료진들의 정성스러운 기술과 직원들의 진심 어린 걱정, 극진한 간호 끝에 기적은 하나씩 더해졌다. 2년 뒤, 세 명의 환자는 모두 기적처럼 소생했다. 모든 뼈가 정상적으로 붙었고 손상되었던 신경들도 재활 치료를 통해 회복했다. 이후 세 명의 직원 모두 회사로 복귀할 수 있었다.

생과 사의 갈림길에서 회사는 파산하지 않았다. 오히려 우리는 의기투합해 빠르게 성장했다. 2001년, 창업 이래 최대 실적을 기록했고 직원 수는 처음의 30여 명에서 100여 명으로 늘었다.

꿈을 실현하는 과정은 험난하다. 갖은 풍파와 재난이 따라온다. 그러나 그 어려움 속에서도 나를 앞으로 나아가게 하는 힘이 무엇인지 생각해 보자. 나를 무너지게 만드는 건 무엇인가?

어려움과 도전 앞에서 당신은 어떤 길을 선택하겠는가?

매일 조금씩 변화하라

인생을 살면서 하루하루가 무료할 때, 내가 지금 어디서 무얼하고 있는지 알 수 없을 때 정말 하고 싶은 8가지를 찾아보자. 그리고 그것을 계획대로 실천하다 보면 사소하고 중요하지 않은 일로 시간을 지체하는 자신을 발견하게 될 것이다. 그래서 정작 중요한 일을 해낼 시간과 여력이 없다는 사실에 좌절하고 만다. 결국에는 바쁜 일상에 사로잡혀 계획은 세워 놓고 전혀 실천하지 못하는 '열매' 없는 삶을 산다.

이럴 땐 어떻게 해야 할까? 중요한 것을 위해 사소한 것은 포기하는 인생의 지혜를 터득해야 한다.

모두가 꿈을 꾼다. 그리고 계획을 세운다. 하지만 그걸 실천하는 걸 자꾸만 뒤로 미룬다. 이럴 때 우리는 기억해야 한다. '완벽한 시작은 없다. 완벽한 때를 기다려 봐야 오지 않는다.' 이것은 당신이 지금 당장 용기를 내서 나서는 데 많은 도움을 줄 것이다.

인생의 8가지 계획을 세우면 처음에는 열정으로 가득하다. 그래서 무엇이든 다 해낼 수 있을 것 같은 생각이 든다. 그런데 그 계획을 실천하는 과정에서 기억해야 할 두 가지가 있다.

하나는 초심을 잃지 말 것. 또 다른 하나는 약속한 것은 반드시 지킬 것. 말한 것을 지켜 내는 것도 능력이다. 그러한 능력을 키워 내는 사람이 되어야 한다.

단번에 내가 꿈꾸는 사람으로 바뀌지는 않는다. 하지만 생각은 매일 조금씩 바꿀 수 있다. 그러한 생각이 당신을 평범한 사람에서 탁월한 사람이 되도록 도와줄 것이다.

계획을 실천하는 과정에는 당연히 어려움이 따른다. 내가 전혀 생각하지 못한 일들이 일어나고 어려움이 찾아온다. 그러나 절대 포기해서는 안 된다. 우리의 성공을 가로막을 수 있는 건 없다. '행복을 위한 세 가지 질문'을 활용한다면 당신을 힘들게 하는 부정적 정서에서 벗어나 조금씩 성공을 향해 나아갈 수 있을 것이다.

세상에 기적은 없다. 모든 기적은 노력이 쌓여 만들어진다.

사람들은 놀라운 결과에만 집중한다. 그러나 그 결과가 만들어지기까지의 과정을 잊어서는 안 된다.

> 빨리하는 건 소용없다. 정확하게, 지속하는 것이 중요하다.
> 끊임없이 완벽을 추구하되 원대한 목표를 가슴에 품고 현실을 충실히 살아가라.
> 오늘의 결과는 어제에서 비롯한 것이다. 당신의 오늘이 내일의 모습을 결정할 것이다.

단단한 삶으로 이끄는 성공 법칙

펴낸날 2026년 1월 10일 1판 1쇄

지은이 양창정, 왕샤오단
옮긴이 하은지
펴낸이 金永先
편집 나지원
디자인 바이텍스트

펴낸곳 더페이지
주소 경기도 고양시 덕양구 청초로 10 GL 메트로시티한강 A1-2002호
전화 (02) 323-7234
팩스 (02) 323-0253
출판등록번호 제 2-2767호

ISBN 979-11-94156-35-2(03190)

더페이지와 함께 새로운 문화를 선도할 참신한 원고를 기다립니다.
이메일 dhhard@naver.com (원고 투고)